跨越圈层

让自己不断变好的底层逻辑

苏星宁◎著

人民邮电出版社

北　京

图书在版编目（CIP）数据

跨越圈层：让自己不断变好的底层逻辑 / 苏星宁著.

北京：人民邮电出版社，2025. -- ISBN 978-7-115

-66564-5

Ⅰ. C912.11-49

中国国家版本馆 CIP 数据核字第 2025KV1527 号

内 容 提 要

本书聚焦于高效社交，深度剖析人际交往的理论知识与实践技巧，揭示跨越圈层的核心要素和有效途径。

本书共分为 5 章。第 1 章讲述了如何提升个人价值，为开展高效社交打下坚实基础；第 2 章分析了如何拓展人际关系，增加社交资源的"宽度"；第 3 章描述了如何强化人际关系，增加社交资源的"厚度"；第 4 章分享了一些行之有效的方法和策略，帮你大幅提升社交技能；第 5 章提供了自我改善与成长的建议，帮你成就更完美的自己。

本书旨在助力广大读者朋友结识更多优秀伙伴，打破圈层壁垒，实现圈层跨越。

- ◆ 著　　　　苏星宁

　　责任编辑　张国才

　　责任印制　彭志环

- ◆ 人民邮电出版社出版发行　　北京市丰台区成寿寺路 11 号

　　邮编 100164　电子邮件 315@ptpress.com.cn

　　网址 https://www.ptpress.com.cn

　　北京天宇星印刷厂印刷

- ◆ 开本：880×1230　1/32

　　印张：7　　　　　　　　　　　2025 年 3 月第 1 版

　　字数：100 千字　　　　　　　2025 年 8 月北京第 2 次印刷

定　价：59.80 元

读者服务热线：（010）81055656　印装质量热线：（010）81055316

反盗版热线：（010）81055315

所有的跨越，都源于自我的迭代

这是一本讲高效人际交往的书，其中有很多奋斗者成长的轨迹，或者说他们跨越圈层的历程。而他们的每一次跨越，都离不开自我的迭代。

之所以用"跨越"一词，就是为了把破壁的方式具象化。优秀者破壁，通常是"跨"过去的，而不是"挤"过去的，更不是"钻"过去的。只有成长速度够快、能够不断自我迭代的人，才能以这种方式破壁。当你能以这种方式实现跨越时，你就已经成长为大家都期盼携手同行的佼佼者了。

很多人都想与优秀的人同行，并为此绞尽脑汁。但是在跨越圈层之后，你会发现无须再想着如何做才能与优秀的人同行，因为优秀者会自愿与你结伴。之所以如此，是因为人际关系的本质从来不是你认识谁，而是你能让谁赢。你能让别人赢，别人才能让你赢。正因为如此，本书相当大的篇幅都是讲如何才能更快地成长，如何才能让自己变得更有价值，即如何让自己更"有本事"。本书的两个核心关键词就是"有人际关系"和"有本事"，它们互为前提又互相推动，这也是让一个人不断变好的底层逻辑。

本书共分为 5 章。

第 1 章主要讲如何提升个人的价值，并重新定义了人际关系和人际交往，为接下来讲述的社交方式和方法做一次认知上的破壁。

第 2 章、第 3 章是从社交的广度和深度两个维度入手，讲述如何在提升个人价值的基础上为人际关系"扩圈"，在分享社交方法论的同时，进一步展现了个人价值的提升在社交中所发挥的作用。

第 4 章分享了一些由本人亲身实践、证实行之有效的社交策略和技巧，它们恰似社交场上的精妙"招式"，能够助力我们在人际交往中灵活应对、游刃有余。

第 5 章所聚焦的社交情境下个体的成长与蜕变，则是为社交"修行"所积蓄的深厚"内力"。只有这样内外兼修，才能让我们的社交之路越走越宽，抵达更为广阔的天地。

从提升个人价值开始，到实现自我迭代结束，一方面是要奠定基础，另一方面是要修炼"内力"。而中间部分着重阐述的则是具体的实践路径和执行方法，其中有认知破壁，并且每一步都切实可行，这也是本书力图达到的两个重要标准。

毋庸置疑，任何一个想法要想落地且得到正向的反馈，都必须解决"知"和"行"的问题。也就是说，既要在认知破壁方面做足功课，又要有拿来即用的执行方法。所以，本书每一节的前半部分都是帮助读者做好认知修正——把所以然的逻辑梳理清晰，而后半部分则重点分享一些切实可行、易于上手的方法——把落地的工作执行到位。

这便是本书的写作初心与底层逻辑。我希望本书能帮助更多人实现圈层的跨越，既能遇见更多优秀的同行者，也能遇见更优秀的自己。唯有如此，跨越之后才能做到有"圈"无"壁"，才能尽享人际关系与社交资源的红利。

目录

第 1 章

提升个人价值，进入优质圈层

通常，一个人的社交能量会随着其社会地位、学历、知识储备的不同而发生变化。要想拥有较大的社交能量，并因此而进入某个圈层，就要设法改变自己在社会上的地位，如提高自己的学历、增加自己的知识储备量等。同时，还要注重提升自己所处朋友圈的层次，并不断增进个人的人格魅力。

提高个人能量，提升社会地位

　　曾经有人问："普通人和社交高手之间到底有多大的差距？"对于这个问题，可谓众说纷纭、莫衷一是。而最形象贴切的诠释，那便是面对同样一件事，普通人倾尽全力，调动所有资源，东奔西走，折腾得筋疲力尽，到头来却发现所做的一切皆是徒劳；而社交高手只需要坐在办公桌前打几个电话，甚至窝在沙发上发几条信息，就能把事情办妥当。这般鲜明的对比，让人不禁感叹社交能力的高低竟能带来如此天差地别的办事成效。

　　那些有资格享受社交红利的人，他们身上往往蕴含着巨大的能量。哪怕是一些看起来困难到让人崩溃的事情，只要将它交到这样的人手里，他们总是会以一些意想不到的方式让问题迎刃而解。在人际关系的语境中，这种能量有一个特定的叫法——势能。

势能原本是一个物理学概念，它指的是物体凭借自身与其他物体之间的相互作用，以及所处的相对位置状况而衍生出的能量形式。在合适的条件下，这种能量通常可以转化为其他形式的能量。例如，将一块石头静置于地面时，它的能量是非常有限的；而如果把这块石头搬到山顶上，它在顺山势滚落的过程中释放出的能量远非静置时可比，这就是位置的改变让能量产生的变化。再比如，一盆水处于液态时，其所蕴含的能量相对有限，但是当这盆水受热转化为水蒸气之后，它的能量同样会剧增，而这种能量的变化则是随着状态的改变而产生的。

当这个概念被引入人际关系领域时，它被赋予了新的内涵，用来阐释人与人互动交往过程中基于身份、地位、资源、声誉等要素所形成的一种潜在影响力。

例如，当一个人刚步入某行业时，作为一名行业新人，他身上所蕴含的社交能量就相对有限；随着行业经验和技能水平的提升，他的社交能量也会逐渐增加；而当他成为行业中的顶级专家时，他的社交能量就会有巨大的飞跃。

再比如，同样一个人，他做基层员工时所具有的社交能量，与他成为高管时所具有的社交能量是不可同日而语的。

所以，一个人想要提高自己的社交能量，进而成为社交红利的获益方，一定要沿着两条路径积蓄力量：要么致力于专业水平的提升，让自己成为更权威的专业人士；要么致力于职位的晋升，努力提高自己的职场地位。

经验、学习、人际关系，一个也别落下

如何致力于专业水平的提升，最大程度地提升自身价值呢？

对于新手来说，要想在行业内有长足的发展，必须经过大量的实践，花大量的时间来积累与沉淀经验。具体地说，要长时间地进行学习和练习，参与足够多的能够增长经验的项目，解决常见或者突出的实际问题，并不断总结经验教训，从而慢慢地由行业新丁成长为行业中的佼佼者。

在当今这个技术飞速迭代的时代，持续学习已经成为行业新手安身立命、脱颖而出的必由之路。通过参加行业培训、交流会、研讨会、聚会等，新手就有机会与专家、领导、同行在专业领域进行互动，或者主动与他人分享自己的经验和资源。这样不但可以更好地学习、吸收知识，还可以增加自己的曝光度和拓展人际关系。

同样不可忽视的是学历的提升。在竞争激烈的职场环境中，学历犹如一块坚实的敲门砖，不仅能助力新手突破资历瓶颈，而且能让新手在知识的深度与广度上实现进阶，为其今后的职业发展打下稳固的基础。

别总惦记钱，像总裁一样工作

身在职场，没有人不希望既可以升职又可以加薪。然而，现实往往不尽如人意，有时即便幸运地获得晋升，却发现薪水并未达到预期的涨幅。在这种情况下，千万别让一时的心理落差绊住了前进的脚步，不妨转换心态，试着像公司总裁那样全身心地投入工作。近年来有一种流行的说法，叫作"给多少钱，干多少活"。这种看似精明、实则糊涂的观念，对职场年轻人的毒害很大。它将年轻人的视野局限于眼前的金钱回报，而忽略了工作过程中的知识积累、技能提升及人际资源拓展等诸多宝贵机遇。长此以往，不仅会使年轻人的职业发展受限，而且禁锢了年轻人的朝气与冲劲，让其难以发掘自己的价值潜力，也就等于封堵了其发展的各种可能性。

所以，我们必须像总裁一样工作。什么叫像总裁一样工作呢？其核心要点有两个。

第一，要像总裁一样以全局视野看待工作，在日常工作中高效统筹各类事务，进而打开全新的事业格局。格局打开了，人生也自然有了各种可能性，前行之路将愈发广阔。

第二，摒弃"量入为出"的狭隘观念，告别"给多少钱，干多少活"的消极心态。要将目光锁定于一个更为宏大、更具前瞻性的目标之上，抓住一切机会激发自己的潜能，并积极投身新领域，广泛涉猎不同的知识与技能，拓宽自身视野，提升自身价值。

精准努力，做自己的 CEO

很多人觉得，倡导"像总裁一样工作"是对年轻人的职场心理操控，是一碗"毒鸡汤"。他们之所以会有这样的认知，根源在于对这句话背后预设立场的错误解读。他们错误地认为，这种倡导是完全从公司立场出发的，要求年轻人为了公司的发展不计回报、无条件地付出与奉献。

其实，倡导"像总裁一样工作"，其真正的出发点和立脚点都应该是自己。这意味着要将自身视为自己人生的 CEO，按照既定的人生规划，朝着目标付出精准且持续的努力。在努力的过程中，不要太过于计较报酬，以免因过度追逐金钱而迷失方向。同时，要保证所有的努力都有助于实现你的计划，都能不断地提升你的价值。这样，才能一步一个脚印，最大化地实现自我价值。反之，就有可能陷入毫无成效的盲目忙碌之中，在无效努力的泥沼里消磨精力与时光。

提高个人学历，增强个人背景

    一个刚步入社会的年轻人曾问我："在社交活动中，学历到底有多重要？"

    这个问题就如同"在求职过程中学历有多重要"一样。简单地说，学历在社交活动中的影响力不容小觑，其重要程度丝毫不逊色于它在求职环节所展现的关键作用。

    在求职时，学历的重要性被大多数人所认同。而所谓的"能力比学历更重要"一说并不十分准确。之所以如此，是因为学历和能力并不成反比。很多时候，学历与学习能力、规划能力和自律性是高度相关的。

事实上，那些能为年轻人提供工作机会的面试官，他们中的很多人一边说着"看重能力，不看重学历"，一边又毫不犹豫地用学历这个硬性标准卡掉一大批应聘者，完成面试的第一次筛选。而职场新人的每一次晋升，几乎都绕不过学历这个硬性考核条件。

学历在求职时的关键作用毋庸置疑，它在社交场景下的重要性同样不可小觑。为什么说学历在社交中有着不可替代的作用呢？

去医院诊疗的时候，人们大多更喜欢挂专家号，因为觉得他们更专业、更权威。而在医疗资源尤其是优质医疗资源紧张的情况下，专家号可谓一号难求。人们挂不上专家号，只能挂普通号，甚至找那些刚工作没多久的实习医生就诊。然而，人们却发现这些实习医生都有一个神奇的本领——会"摇人"。一旦碰上棘手的复杂病情，凭借自身临床经验无法处理时，这些实习医生便会向师哥、师姐、带教老师甚至"师爷"级别的前辈求助。即使这些求助对象可能是医院的中流砥柱，甚至是整个领域的顶级专家，但是如果病情棘手、确有需求，他们都有可能被实习医生"摇"来助阵。要知道，实习医生的那些师哥、师姐，都很有可能是普通人排几天队都排不到的专家，他却可以轻松地为己所用。为什么一个实习医生能拥有这么大的能量呢？有人认为，这是学历赋予他的特殊"权利"。据说，在某些院校的医学生毕业的时候，导师会把一本通讯录交到他们手里，然后叮嘱说："以后要是有什么解决不了的难题，就从这上面找人。"

上述案例不过是学历给社交赋能的一个缩影，其实在很多专业领域都存在这种依靠"同门"解决实际困难的情况。由此可见，学历对一个人的社交能量有着不可估量的正面影响。

投资自己，提高个人学历

在提升个人价值的道路上，投资自己无疑是重中之重，而提高个人学历往往是其中极为关键的一步。那么，如何通过提高个人学历投资自己呢？

我们提高学历时不能盲目，需要结合个人所处行业情况、职业规划、时间规划、经费情况等选择合适的专业，并明确是全日制学习还是非全日制学习。

同时，我们还需要在国家规定的时间报名和参加考试，并有计划地进行备考。要知道，不管是竞争激烈的成人高考，还是高难度的研究生入学考试，都要求考生扎实学习新知识并反复巩固。倘若毫无计划地盲目备考，那么大概率难以取得理想的成绩，倒不如省点报名费，别做无用功。

在择校时，自然是学校越有名气、综合实力越强就越好。毕竟校友会作为一个联结校友、资源共享的优质平台，能为学子们提供诸多便利与机遇。然而，我们必须清醒地认识到，好学校往往伴随着较高的录取分数线，这意味着更大的竞争压力。所以，大家一定要依据自身的实际情况，包括学习能力、知识储备等量力而行，切不可盲目跟风，只盯着那些顶尖学府，而忽略了自身条件是否适配。

即使入学成功，也并不代表你就可以拿到毕业证了，课程学习、考试测验、论文答辩等诸多关卡将接踵而至，每一关都不容小觑。因此，我们需要脚踏实地地经营好自己的学业，认真对待每一门功课、每一次作业、每一场考试，以便未来成功拿到毕业证和学位证，为自己的求学阶段画上圆满句号，开启下一段精彩人生。

以学历为核心，建立新的人际关系圈

学历固然具有为社交赋能的属性，但并不是所有人都能享受到与学历相对等的社交红利。之所以如此，是因为学历所附带的社交属性是需要激活、经营和维护的。

很多人在毕业多年以后，常会出现这样的情况：与原来的老师、同学要么平时很少联系，偶尔遇到也像是熟悉的陌生人，要么就是彻底失去了联系。在这种情况下，若需要对方帮忙，自然是不好意思开口。即使鼓足勇气开了口，对方也很有可能会因为觉得你过于唐突而敷衍了事。这就是疏于维护同学关系的后果。而要想维护同学情谊、构建良好的同学关系，就要以自我为核心，建立一个以学习关系为纽带的人际关系圈。简单地说，就是将自己作为人际关系网络构建的关键节点，把所有因为学历背景和学习经历与自己产生交集的人连成一条条线，最终编织出一张庞大且紧密的人际关系网。如果能够根据性格、爱好、眼界、格局和所能带来的资源对其进行分类，那就更完美了。

那么，如何才能让这些人以你为中心"织网"呢？最关键的诀窍就是懂得分享和秉持利他精神。例如，你可以利用自己所拥有的资源主动地帮助他们解决一些问题；当你自身无法直接解决问题时，不妨凭借手头的资源为对方引荐有能力解决相应问题的人。总之，当他人总是能从你这里获得帮助，或者获得有价值的建议和信息时，以你为中心的这张人际关系网便会毫无缝隙地编织而成，它将成为你人生路上极为宝贵的财富，为你带来诸多意想不到的机遇与助力。

在这张网织成之后，我们不能撒手不管了，还要对其进行维护。例如，记录好这些人的单位、职位、家庭成员信息（父母、配偶、子女）或者是一些重要的时间节点（生日、结婚纪念日等），然后定期地与其进行互动。在互动时，如果你能多聊聊对方在意的事情，如对方父母的情况、孩子的情况等，或者在重要的节日送上一两句祝福，那么你们之间的关系就会变得越来越紧密。毕竟，谁能拒绝一个时刻都惦念着自己的人呢？

如果你的时间非常紧张，实在抽不出空与朋友单独畅聊，那起码也要做到及时给他发到朋友圈的信息点赞，或者在他朋友圈比较重要的内容下面留言，双方就此进行一些简短交流。几句问候、些许感慨，虽耗时不多，但是也能够让对方明白你一直在关注着他。

有人说："衡量一个人在社交圈里所处位置与影响力的关键维度有两个，一个是自身价值的大小，一个是与他人互动的频率。"在这里，我们还要嵌入一个新要素——互动中的"爽点"触及率。为什么要这样做呢？因为"爽点"是对方特别关心、特别在意、特别敏感的事物，它能够迅速调动对方的积极情绪，瞬间就能让交流氛围升温，从而拉近双方关系。但请记住，一定是加上互动的"爽点"而不是"痛点"，因为"痛点"是对方在意、敏感但又特别避讳的问题，千万不要触碰，否则很可能会使自己此前精心构建的良好关系瞬间崩塌瓦解。

投资大脑时，别忘投资人际关系

在这个充满不确定性的时代，那些逐渐崛起的个体大多是终身奋斗者，更是终身学习者。在他们看来，最好的投资便是投资自己。那么，该如何投资自己呢？当然是投资自己的大脑。不过，也有人认为，除了投资自己的大脑，还要投资自己的人际关系，尤其是那些能够让自己突破圈层限制的人际关系。

例如，除了全日制学历外，还要主动参加各类专业学习，积极备战各种考证项目，甚至开启跨专业学习之旅。就拿理工科的人才来说，他们不再局限于本专业领域，而是挤出时间学习一些心理学方面的知识，借此提升人际交往与团队协作中的沟通技巧；技术型人才也要离开舒适圈，主动学习一些管理学方面的知识，以更顺利地突破职业发展瓶颈。

而这种自我投资不仅可以帮助自己不断进行思维的迭代和知识的更新，而且能让自己接触到更多高端的人际关系资源。例如，那些带领大家一起学习的导师，就有可能是某领域的学术泰斗或某行业的权威专家。在学业结束后，不同的人会有不同的收获，有的人学到了知识，有的人拓展了人际关系，还有的人两者兼得。

提高学历，就是增强个人背景

很多企业在开展招聘工作时，都非常重视应聘者的学历或教育背景，比如要求毕业于某些知名高校等。不但企业重视学历，社交圈也同样如此。为何社交圈会非常重视学历呢？

究其原因，是因为在社交圈中，人们往往需要快速地对他人进行初步判断和筛选，以决定是否进一步深入交往。而学历作为一个相对客观、明确的指标，很容易成为人们进行筛选的依据之一。在信息有限的情况下，高学历和良好的教育背景可以作为一个重要的参考因素，帮助人们快速识别那些可能具有较高能力和发展潜力的人，从而在一定程度上简化认知过程，提高社交效率。虽然这种认知方式可能存在一定的片面性，但在实际社交中却较为常见。

当然，高学历还意味着个人在专业能力、社会地位、职业发展、知识储备、思维方式、创新能力、人际关系资源等方面有非常强大的竞争力。由此可见，学历既对个人的未来发展具有深远影响，又是个人背景的重要组成部分。

增加知识储备，打造深厚底蕴

社交高手有一个典型的特点就是跟谁都能聊得来。这种天赋的核心能力到底是什么？很多人认为是好口才和高情商。确实，要想开启一场让人感觉舒服惬意的聊天，好口才和高情商往往不可或缺。但是，这两者并不是社交的核心能力，真正的核心能力其实是深厚的知识底蕴。如果用"道"和"术"的概念进行阐释，口才和情商是帮助我们在社交之路上走得更为顺畅的技巧和工具，属于"术"的范畴；而知识底蕴则需要长期的、持之以恒的积累，如同修炼一门深厚的内功一般，属于"道"的范畴。

那么，我们该怎样增加自己的知识储备呢？

首先，我们需要对知识进行分类，这个过程就像精心整理那杂乱堆砌的书架，只有把各类书籍井然有序地归置好，后续的学习过程才能事半功倍；然后，根据不同类型知识的特点，有条不紊、有的放矢地开启学习之旅，并持之以恒地坚持下去。

或许，一提起知识，你首先想到的就是那些课堂上讲的、书本上写的、培训时需要考核的内容。其实，知识是一个非常宽泛的概念，它的种类也有很多。从亚里士多德时代开始，人们对知识的分类就展开了持续探讨，先后涌现出多种不同的见解。其中，经济合作和发展组织提出的知识四分法较为流行，他们把知识分为如下四个类型：负责解决"是什么"的知识（Know-what），这类知识的指向通常是现实存在的客观事实；负责解决"为什么"的知识（Know-why），这类知识的指向则是那些隐藏在客观存在的表象之下的自然规律和社会原理；负责解决"怎么做"的知识（Know-how），指的是能够解决实际问题的技术、技能、诀窍和方法等方面的知识；负责解决"是谁"的知识（Know-who），这类知识的指向主要是社会关系和管理等方面，即指明什么人具有什么知识和技能。

用"知道主义"应对"是什么"的知识

要想学习"是什么"这种类型的知识，最合适的学习方式就是"知道主义"。我们可以以"知道主义"为指引，潜心积累事实性知识，进而努力向"知道分子"的行列迈进。什么是"知道分子"？就是指那些对社会和文化有比较全面的了解与研究，甚至了解与研究水平相对较高的亚精英群体。之所以说这些人是亚精英群体，是因为这个群体并非传统意义上的学术精英，他们不一定在某个专业领域钻研至极致，但胜在知识面宽泛，与真正的精英群体相比，他们视野的宽度和广度都有着明显的优势。无论是时事热点、历史典故，还是各地风土人情、文艺潮流，他们都能信手拈来、侃侃而谈，因此就会给人那种"什么都懂一些"的感觉。当然，拥有这种"什么都懂一些"的知识储备，并不是为了在专业人士面前班门弄斧、肆意卖弄，而是为了在面对他们时能够跨越最基础的沟通门槛，听得懂他们说的话，知道在哪里发问，明白在何时鼓掌，并能够适时地抛砖引玉，充分勾起对方的交谈兴致。由此可见，我们每掌握一种知识，就等于获得了与某一类人深度沟通的资格。

用洞察力模型应对"为什么"的知识

通常，"为什么"的知识能够引领我们快速地理解事情的本质，发现事情背后的规律。想学习这类知识，首先需要立足现实，将目光聚焦于日常生活、工作和学习中的各类实际问题，针对这些问题进行深入思考，细致地梳理问题脉络，再全面地总结经验教训；然后，不断地对所获认知进行抽象概括，从中提取精华；最后，把这些提炼升华的知识变成自身的智慧。拥有这类知识的人在沟通的过程中总是能够一语中的，给人一种醍醐灌顶的感觉。有时即使谈及不是很熟悉的专业话题，他们也能在第一时间精准地发现事情的本质，并给出一针见血的点评，以至于让专业人士都有一种相见恨晚的感觉。要想做到这一点，就需要一个洞察力模型作为支撑。为此，我们可以借鉴国内著名商业资讯顾问、润米咨询创始人刘润曾分享过的洞察力模型。

刘润曾经说过，我们锻炼自己的洞察力，就是为了理解表象背后的"黑盒子"，而这个"黑盒子"的本质是一个由要素和连接关系组合而成的系统。其中，不同的要素以不同的方式连接，就会呈现不同的表象。因此，看到了不同要素的变化，和要素之间不同的组合方式，就能看到表象所能呈现的可能性。为了能够更透彻地理解要素和要素之间的连接关系，刘润又把这个复杂的系统拆分成变量、因果链、增强回路、调节回路和滞后效应五个基础模块。有趣的是这五个基础模块就像乐高积木一样，可以通过不同的排列组合搭建出不同的形态。

在这五个基础模块中，变量就是系统中变化的量。所有变化都是以时间为轴的。当把它放在某个静止的时间点解读时，它的状态也是静止的，这时它就是存量；若把它放在一个动态的时间段内解读，它就成了流动的状态，就变成了流量。

在一个动态的时间段内，几个要素之间的流量又是怎么变化的呢？是增强了，还是减弱了？或者一方增强了，另一方却减弱了呢？实际上，它们之间这种关系的变化就构成了因果链。而一段段的因果链相互连接在一起，就构成了复杂的系统。要想提高自己的洞察力，我们可以用画因果链的方法进行训练。

如果用一段段的因果链把系统内所有的要素都连接起来，然后加上开始和结束的节点进行闭环，就形成了回路。根据因果链中各要素之间关系的不同，会形成正向增强回路、负向增强回路和调节回路三种不同的回路。其中，正向增强回路就是因增强了果，果又反过来增强了因；而负向增强回路则是因减弱了果，果又反过来减弱了因；至于调节回路，则是因增强了果，果却反过来减弱了因。

而滞后效应，指的是规律、趋势和现实发生之间的时间差。

　　不管一个事物的表象如何复杂多变，只要看懂了系统中的要素、因果链和回路，一切就能变得豁然开朗。所以，要想掌握事物的运行规律、训练自己的洞察力，可以尝试一下刘润给出的建议：首先，一定要找到核心要素；其次，找准核心因果链；然后，打造增强回路；同时，留意调节回路；最后，考虑滞后效应。

以点带面，打造多面小能手

　　那些关于"怎么做"的知识往往能在生活、工作等诸多方面派上用场，可以帮助我们解决很多实际问题。虽然有些人可能觉得这类知识学起来相对费工夫，不太乐意学，但是在时间和精力都允许的情况下，多涉猎这类知识无疑是明智之举。毕竟"艺多不压身"，你掌握的技能越多，就越有能力在他人遇到难题时施以援手。这样不仅能帮助他人解决实际问题，收获对方的感激和友情，还能因此结识同道中人，进而成为彼此的知己。长此以往，你的人缘自然会越来越好。不过，由于人的时间和精力都是有限的，因此我们最好是精打细算、精准发力，甄别最具价值的事物，全力追求效益的最大化。而要想做到这一点，最好的选择是以点带面。

具体地说，就是在某个领域选取一项技能，集中精力将其打磨至"斜杠水平"，而对于该领域中的其他技能不必追求同样的精通程度，只需能够与业内人士顺畅交流、探讨就可以了，这样既能保证一定的专业深度，又能拓宽知识交流的广度。这里所谓的"斜杠水平"，就是指在某个特定领域内，一个人对某项技能的掌握程度非常高，达到了可以与专业人士相媲美的水平，同时还具备在不同技能和身份之间自由切换的能力，能够灵活地运用多种技能解决问题或创造价值。就拿厨艺来举例子，对于非专业人士而言，并不需要精通各个菜系的所有菜品，实际上只需要将某个菜系的几道菜肴做好即可。要知道，哪怕仅会一两道令人称赞的"拿手菜"，也足以凭借对这道菜的深刻见解与其他厨艺爱好者进行深度沟通，进而融入烹饪的交流圈子。

然后，在这个基础上，尽量把自己的技能"武器库"

扩展到更多领域。而每多掌握一项技能，就等于多握住了一把进入全新社交领域的钥匙，多拥有了一个搭建人际关系桥梁的有力支撑。

找到"超级链接者"，打开一个新世界

关于"是谁"这类知识，最有效的学习方法自然是向他人学习。而其中的关键一步便是精准定位到某个领域内的"超级链接者"。这需要从两个维度进行解读：首先，要认真地向他们学习该领域的专业知识；其次，学习他们调配、链接资源的方法。这样做的目的是使自己将来也能成为一个"超级链接者"，从而让更多的人和资源主动链接到自己身上。

所谓"超级链接者"，是指那些人际关系错综复杂、社交圈四通八达、自身蕴含极大能量的人。这类人仿佛某个领域的"关键枢纽"，身边的人一遇到什么问题就会第一个想到他，而他也总是能够在很短的时间内找到优秀的解决方案。

　　这样的人通常具有两个重要特征：其一，他一定是某个领域的专家级高手，或者是手握核心资源的关键人物，这奠定了其在社交网络中的重要地位；其二，他一定是极致的利他主义者。他的成功逻辑是"助人即助己"，他不靠索取，而是靠给予赢取信赖与支持，所有的资源和能量也都因此而主动围绕在他的周围。这也是我们成为"超级链接者"的必修功课。

提升自己的朋友圈

在追求个人发展的道路上，精进和社交都不可或缺。"精进"意味着个体需要持续深入地打磨专业技能、优化知识体系、提升综合素质，不断突破自身局限，这是内在硬实力的构建；"社交"则着重于向外拓展，通过与不同的人建立联系、交流合作，挖掘潜在机会，整合资源，拓宽视野，借助人际关系网络为自己的发展赋能，它是个体连接外部世界、实现自我价值的桥梁。不过，这两项技能消耗的时间和精力都非常大，如果无法在两者之间做到平衡，我们就很容易陷入来回拉扯的困境之中。

广为人知的邓巴定律是由英国牛津大学人类学家罗宾·邓巴提出的，它不仅明确指出了人类社交承受力的上限，同时也从侧面印证了社交所消耗的时间和精力是巨大的。罗宾·邓巴认为，普通人只能与大约 148 个人维持稳定的社交关系。人们四舍五入后将这个标准确定为 150 人，这就是著名的"邓巴数字"，也称"150 定律"。

《赫芬顿邮报》日本版主编、斯坦福大学客座教授竹下隆一郎曾经在他的《斯坦福精准社交课：让怕生的人更成功》一书中说："'社交狂人'其实已经不适应时代的发展潮流了……因此，与其把自己打造成'社交狂人'，不如用心去维护与重要人物之间的关系，让彼此之间的关系保持着一定的深度。如此一来，我们的工作和生活都会充满乐趣，也能相应地提升社交的整体效能。这种只和必要的人来往的社交方式，就是'精准社交'。"

所以，在既要精进又要社交的情况下，我们可以对社交做减法，开启精准社交模式。精准社交不仅能够让我们的社交变得更加从容和轻松，而且能够为我们打造一条精进之路，让我们在个人成长与社交拓展之间游刃有余，并实现两者的完美融合。

用六圈理论盘点人际关系

我们每一个人的社交资源都分布在六个社交圈层中，即家庭圈、同事圈、同学圈、爱好圈、平台圈和职场圈。尽管人们社交的范围大致都涵盖在这六个圈子内，但每个人各个圈子的深度与广度却千差万别，这就衍生出了全然不同的社交关系网络。有的人家境不错，家庭圈里隐藏着极具价值的人际资源；有的人则是因为读了不错的大学，结识了一些很优秀、很有能力的同窗好友；也有一些人是因为在工作中表现特别突出，从而在职场上受到了很多领导和同事的赏识。总之，想要进行精准社交，首先，要做的事情就是对自己的人际关系资源进行盘点，然后找到自己的人际关系"富矿"；其次，要深度剖析各个圈子的特性，精准分配不同圈子的人际关系资源。

我们一再强调要对社交规模进行"瘦身"，这意味着我们不能在六个圈子内均匀发力，而是要学会选择与舍弃，比如要学会保留"富矿"而舍弃掉"贫矿"，这样就能把有限的时间和精力放在最重要的人和事情上，使社交的投入产出比达到最高。

两个维度：生活的归生活，工作的归工作

在对自己的人际关系进行一番盘点之后，接下来就要对不同圈子里的人际关系进行梳理和筛选了。在梳理和筛选时要注意规避以下两个误区。

第一，有些人非常重视人与人之间的感情，往往会把绝大部分的时间和精力都投放在家人和感情较深的朋友身上。虽然这样的人很懂生活，在休闲、聚会、旅游时都会有很多人相伴于左右，但是在遇到事业等方面的困难时，那些平日里环绕在身旁的亲朋好友却大多难以给予实质性的助力。

第二，有些人会因为过于看重人的社交价值而忽视了对情感的维护。这样的人固然能够把社交的价值最大化，拓展诸多人际关系、获取丰富资源，可自身却极易变成一个只追求利益而不讲究情感的人。

所以，我们需要在情感和价值之间寻求一种平衡，以理清生活与工作中的人际关系。就像竹下隆一郎所说的那样："无论是女性职员还是男性职员，都要努力平衡工作和家庭之间的关系。"

三观的力量：找到同频的同行者

在人与人的交往中，有些现象看起来令人匪夷所思：明明是素不相识的人，几句话聊下来双方就会有一种相见恨晚的感觉；而有些人明明认识了好多年，彼此却像最熟悉的陌生人，多聊几句都会觉得尴尬。其实，这就是三观在人际交往中所展现的作用。三观不同的人通常很难互相吸引，彼此交谈起来会非常吃力，相互合作时也很难产生默契。所以，要想精准社交、高效社交，三观就成了不得不考虑的因素。

那么，在与人交往时，怎么确定两个人的三观是不是一致呢？很简单，主要有以下两个办法。

一个方法是靠直觉，也就是人的本能反应。例如，与某人在一起的时候感觉很难受，明明很想跟他好好相处，结果却常常因为话不投机导致不欢而散。这就是典型的三观不合。

另一个方法是问答法。一个人的世界观、人生观和价值观通常都可以通过一些问题来了解。

例如，你想了解他人的世界观，最直接的方式就是问他怎么看待这个世界、这个社会运行的底层规律是什么、是什么力量在影响着世界的发展等。

有关人生观的最直接的问题就是他想成为一个什么样的人、未来想过一种什么样的生活、想跟什么样的人一起生活等。

最能体现一个人的价值观的问题就是他支持什么、反对什么、羡慕什么、厌恶什么。

如果某些人的答案与自己的一致，这样的人才是与自己最合拍的同行者，多把精力与时间花在这样的人身上，社交才能够更加高效。

提升自己的"捧哏"能力

　　社交高手必定也是聊天高手，而聊天高手必定懂得如何接话。会接话的人才能把控聊天节奏、调节聊天氛围，同时主导话题的走向。如何才能接住对方的话呢？很简单，要听懂对方的"包袱"，明确对方的预期，化解对方的尴尬，解决对方的危机。

　　"捧哏"能力扎实的相声演员在台上表演时，哪怕搭档说出"骆驼掉进茶杯里烫死了""大风把水井刮到墙外面"这样看起来离谱到极致的话，他也能把话给圆回来，给大家一个合理的解释。那么，如何才能提升"捧哏"能力呢？只要把握好下面几个关键，我们就有可能成为一个好"捧哏"。

读懂微表情，为及时调整做准备

懂得如何接话的人，首先要能读得懂他人的微表情。这样才能在聊天的过程中准确把握对方的心理和情绪变化，及时做出相应的调整。

例如，当对方向你求证一个问题的时候，他一侧的肩膀在不断地抖动，这就代表对方对所说的话不够自信；如果对方脸上惊奇、害怕等夸张的表情持续1秒钟以上，说明他的表情很可能是装出来的，并不是内心的真实反应；如果对方在说话的时候眼睛总是不自觉地向左下方看，说明他是在回忆；如果对方的眼珠不停地乱转，那就说明他很有可能是在说谎。

如果对方在说话的时候，频繁寻求眼神上的交流，说明他急切想知道你是否相信他说的话；如果对方说话或者思考的时候不断地用手摸鼻子，说明他在有意掩饰什么；如果对方说话的时候总是把双手紧紧压在腿上，或者插在衣服口袋里，说明他处于紧张的状态；如果对方在谈话的过程中总是睁大眼睛，瞳孔不自觉地放大，说明他的情绪已经由紧张变成了愤怒；如果对方在微笑的时候只是嘴角翘起，看不到眼角有皱纹，说明他的微笑是假装出来的；如果对方的眉毛下垂，代表着他很忧伤；如果对方总是不自觉地低头、用手摸额头，代表他感到羞愧；如果对方的上嘴唇上扬，代表他对谈话内容有些不屑；如果对方语速急促，代表他很焦虑……

微表情是一门很高深的学问，要想读懂他人的微表情，就需要在实践中不断地观察和摸索。一旦深谙此道，就能让你在人际交往中抢占先机，仿佛拥有了一把洞察人心的"秘密钥匙"。

听得懂弦外之音，把话说到对方心坎上

人与人之间的沟通之所以会存在困难，是因为很多人习惯于用表情和语言掩盖自己的真实想法。所以，要想成为聊天高手，一定要能听懂对方的弦外之音。

例如，现在广为流行的"凡尔赛"式表达听着像诉苦，实则在炫耀。听懂了的人会毫不吝啬地表达自己的羡慕之情，顺便真诚地夸赞对方一番。这样就能句句说在对方的心坎上，双方交流的热度与彼此之间的亲密度也会随之迅速上涨。

相反，如果只听到了对方的"苦"，在对方满怀期待地准备享受你的羡慕时，你却直接进入"共情模式"，对对方的遭遇表示同情和惋惜，那么这场对话就很难再进行下去了。对方大概率会暗自腹诽：这人怎么回事？是真听不懂人话，还是存心让我下不来台？如此一来，本应热络融洽的对话氛围瞬间降至冰点，后续交流也难免陷入尴尬的僵局。那么，我们在与人交流时，怎么才能听懂对方的弦外之音呢？

罗辑思维 CEO 脱不花在《沟通的方法》一书中分享过一个结构式倾听法，这种方法可以让我们轻松听懂对方的真实意图。

所谓结构式倾听法，就是在听对方说话之前，脑子里要先预设三个框，分别用于装入情绪、事实和期待；然后，在倾听时，要从对方的表述中快速找出哪部分是在表达情绪，哪部分是在讲述事实，这些情绪和事实中又包含了什么样的期望。通常，事实是最容易被捕捉到的；情绪往往是"犹抱琵琶半遮面"，需要认真体会才能发现；而很多时候，期望是被完全隐藏起来的——有的时候是不方便明说，有的时候是不想明说。所以，三流的沟通者只能听得懂事实，而二流的沟通者则能感受到情绪，只有一流的沟通者才能够捕捉到期望。

其实，在实际运用中，我们可以把结构式倾听法中的三个框变成四个框，它们分别代表情绪、事实、观点和期望。

我们先说情绪。人们在交流时经常会有一些伴随着情绪出现的词，脱不花把这些词称为"情绪路标词"，如永远、经常、每次、老是、总是等。一旦对方的表述中出现类似的词，就代表他可能要开始表达情绪了。

　　那么，他的情绪又是怎么来的呢？可能源自事实，也可能源自观点。也就是说，接下来对方讲述的有可能是客观事实，也有可能是他的主观感受。怎么判断他的情绪到底来源于客观事实还是主观感受呢？我们可以用四个要素进行验证，这四个要素分别是时间、地点、人物、事件。通常，如果能准确找到这四个要素，那么他的情绪就很可能源自客观事实；如果找不齐或者模糊不清，那么大概率就是源自对方的主观判断。另外，当对方的陈述中出现"我觉得""我认为""我判断"这类词的时候，那就可以确定是源自主观判断了。

　　弄清楚情绪来源的目的，是更准确地看懂对方隐藏的期望。如果情绪是源自观点的，那么多数情况下，他最想要的可能就是你表明一个态度，让他感受到被理解，情绪上得到安抚；如果情绪是源自事实的，那么对方除了期望你表明态度外，还希望你有具体的行动方案。也就是说，他更想听你讲点实际的东西。

　　当然，只是感受到对方的情绪还不够，我们还要弄清楚情绪的真假，因为人们所表达出来的情绪是具有欺骗性的。这就需要我们在与对方交流时，要仔细地观察对方的微表情。例如，如果对方用"凡尔赛"的方式抱怨，那么他的微表情里藏着的一定不是痛苦和哀伤。总之，我们要记住，文字和语言是可以假装的，而身体的反应往往是真实的。

善用逆向思维，带给对方惊喜

在社交过程中，有时我们还要善用逆向思维，这样不仅能使交流更加顺畅，还能带给对方惊喜。具体地说，就是好话坏说、坏话夸张地说、真话选择性地说。

所谓好话坏说，其实就是欲扬先抑。例如，我们听懂了对方"凡尔赛"式的表达，也明白了对方的期望，但我们假装没听懂，先"同情"一番对方的"悲惨遭遇"，以示安慰，然后忽然来个反转，说自己也想要这样的"痛苦"，并希望对方把"痛苦"转移给自己，着实地表达一下对他的羡慕。这种带有强烈反转的表达方式，能给对方造成很大的情绪冲击。

至于坏话、不中听的话，原则上是能不说就不说。不过，在某些特定的场合，有些话可能不中听却又不得不说。对此，很多人的建议是委婉地说，或者用"三明治"式的表达方法，也就是把一句不中听的话夹在两句好听的话中间，这样对方听起来就受用多了。

在日常交流中，很多人习惯于平铺直叙地表达看法，但以这种方式指出他人错误时过于直白生硬，容易让人心里不舒服。实际上，要是把错误适度夸张，让它显得"荒唐"一些，再添上几分喜感与幽默，就能冲淡那种让人别扭的感觉。所以，当需要指出对方的错误时，我们可以使用夸张的表达方式，用带有喜感和幽默的"荒唐"语言，让原本不中听的话变得易于被对方接受。这样，我们不仅可以充分表达自己的观点，还能活跃谈话的气氛。

聪明的沟通者从不说假话，但是在某些场合如果实话实说，可能会让气氛变得很尴尬，甚至引起不必要的冲突或矛盾。此时，如果遇到的不是原则性或实质性的问题，大可不必为了彰显自己的正直而与对方正面硬杠。当然，我们也绝对不能撒谎，较为妥当的做法是有选择性地陈述部分事实。这样既保留了自己真实的意见，也能最大限度地避免发生冲突。

季羡林先生曾经说过："要说真话，不讲假话。假话全不讲，真话不全讲。"其中，"假话全不讲"是做人的原则和底线，而"真话不全讲"则是一种非凡的处世智慧。

提升个人人格魅力

在现实生活中，总有一种无论走到哪都能成为焦点的人。《不将就》里那句"你一出场，别人都显得不过如此"，用来形容这种人在社交场合的状态就非常贴切。其实，真正的高手在社交时并不会让其他人有不舒服甚至被比下去的感觉。相反，他总能给人如沐春风的舒适感。因为他的气场不是强势的压制，而是散发着迷人的人格魅力。

什么是人格魅力呢？对此，不同的人有不同的诠释。

美国教育家、农业化学家、植物学家乔治·华盛顿·卡弗利说："人格魅力不是取决于你的外貌，而是取决于你的行为和态度。"

哲学家、社会学家、政治学家卡尔·马克思说："'特殊的人格'的本质不是人的胡子、血液、抽象的肉体的本性，而是人的社会特质。"

法国启蒙思想家、法学家孟德斯鸠说："品德，应该高尚些；处世，应该坦率些；举止，应该礼貌些。"

捷克幽默作家、讽刺作家雅洛斯拉夫·哈谢克说："有一种谦恭的、默默无闻的英雄，他们既无拿破仑的英名，也没有他那些丰功伟绩。可是把这种人的品德解析一番，连马其顿的亚历山大大帝也会显得黯然失色。"

卡弗利、马克思等人从不同的角度对人格魅力进行了诠释，虽然他们的表述不同，但有一个共同的指向，即人格魅力与一个人的性格因素、内在品性有关。

此外，我们还可以从内心能量的角度进行解读。通常，具有人格魅力的人首先应该是一个内心充盈的人，或者说他内心充满能量，既可赋能自身，又可感染他人。

之所以从这个角度解读人格魅力，是为了更好地探讨人格魅力养成的问题。一个具有人格魅力的人，其身上的标签会很丰富，如谦逊、随和、热心、善良、大度等。也就是说，我们要深入探讨人类所有美好品质的养成问题是一件非常繁杂、极其困难的事情。而如果从内心能量的角度切入，问题就变得非常简单了。

学会与自我和解

所谓人格魅力，本质上可视为个体内在精神世界的外在折射。如果一个人的人格魅力四射，意味着此人内心充盈，其蕴含的精神能量源源不断地外溢，进而对周边的人产生吸引力与感染力。而一个人要想内心充盈，一定要学会与自我和解。具体地说，就是与自己的不足之处和解。换言之，就是既可以看到自己身上的优势，也可以看到自己的不足，并能在看到自己的不足后依然有足够的自信。

而与自我和解后之所以有充足的自信，是因为他们能用辩证思维捕捉"不足"中蕴含的优势，并进一步完善自我且产生自我认同感。

当然，我们要想学会和解，还需要正确地面对挫折，要不断地复盘，在找出最优解决方案后能够对挫折的价值产生认同。

此外，我们还需要学会与社会和解，要在洞察社会的底层规律、见证社会的不完美之后，依然对社会生活保持着极大的热情；我们还需要与他人和解，比如在看懂人性、看到别人身上的种种不完美之后，依然保持着与人为善的赤诚之心。

怎么做才能与他人和解呢？怎么才能在将世事看透之后，依然对社会保持着热情和热爱呢？方法很简单，就是要用辩证的思维看待一切，要能看到优势中的隐患，看到不足中的价值，看到完美中的缺憾，看到负面事物中隐藏的正能量……这样才能远离内耗，让内心充盈。而一颗充盈的内心就像肥沃的土壤一样，能够孕育出诸多美好的品质，如赤诚、热情、温和、谦逊、积极、乐观、自信等，这些卓越的品质都是个人魅力的内在特征。

因人而异，量体裁衣

在有些人的认知里，世界上只有两种人，一种是自己，另一种是他人。在这些人看来，除了自己以外的所有人都是一样的，所以他会用同一种方式对待他们。实际上，世界上的人形形色色，脾气、秉性、经历各不相同，我们在社交过程中需要根据不同人的性格等特点采用不同的交往方式。

那么，我们在与人交往时要怎样才能做到因人而异呢？主要有以下三点。

第一，看节奏。

每个人在社交过程中都有自己的节奏：有些人节奏快，说话快人快语、直来直去，这种人表达欲望强，进入主题的速度快，转换主题的速度也快；有些人节奏慢，说话时字斟句酌、严密谨慎，同时也比较敏感；有些人热衷于对同一个话题进行深度挖掘，一旦锁定某个话题，便会从各个角度、各个层面去剖析探讨；有些人的表达欲望不是很强，但善于倾听，也很享受倾听者的角色，喜欢把谈话的节奏交到对方手里……由于不同的人有不同的社交节奏，所以我们需要以不同的方式区别对待，前提是我们要先弄清对方的节奏。

第二，看偏好。

不同的人对生活的细节和聊天的内容有不同的偏爱，也有不同的忌讳。这就需要我们提前了解对方的偏好和禁忌，再以对方喜欢的方式与他相处，以免"踩雷"。

第三，看场合。

哪怕面对的是同一个交往对象，在不同的场合也要采用不同的交往方式。例如，在正式工作中要庄重严谨一些，在日常生活中则可以随性洒脱一些。社交场合的多变性决定了交往策略的灵活性，我们要懂得审时度势，根据不同的场景切换不同的交往方式。

所以，社交高手不会只拥有一副面孔、一套方法，而是会根据不同的人、不同的场合灵活地选择交流方式。

成为受欢迎的人

具有人格魅力的人可不只是会让别人感觉舒服，让别人感觉舒服的人也可能只是"老好人"。而充满人格魅力的人一般具有三个特征：让人喜欢，令人敬佩，被人需要。

按照前文所说的方法提升自己，我们就会逐渐成为让人喜欢的人。

要想成为令人敬佩的人，那就要先"活好自己"。具体地说，就是要深入挖掘自身潜能，不断强化自身优势，在自己的优势领域持续深耕，通过不懈努力成为别人的榜样。

　　而要想成为被人需要的人，我们就需要在关键时刻帮助他人解决实际问题。例如，当他人遇到困难时，除了给予言语上的安慰外，更重要的是能够提供具有可操作性的建设性意见。此外，我们还要做到言必信、行必果。

📝 本章精要

6个方法
提升个人价值

- 持续学习，提高个人能量
- 投资自己，提升个人学历
- 增加知识储备，掌握多元技能
- 精准社交，找到合拍的同行者
- 听懂弦外之音，看懂眉梢情绪
- 充盈内心，提升个人魅力

第 2 章

实现社交增量，
优化圈层的宽度

凡是社交高手，都有较好的社会资源。如果我们缺少社会资源，也不要太着急，因为社会资源是可以积累增加的。通常情况下，要想增加自己拥有的社会资源，或者实现社交增量，我们可以着重关注一下自己的弱关系，多接触陌生人，多与他们打交道。因此，我们要多参加一些社交活动，多与朋友交流，也可以让朋友给我们介绍新的朋友。

向弱关系要社交增量

　　很多人明明拥有丰富的社交资源，却常常不自知。当
我们说要与优秀的人同行时，他们就会说："优秀的人未
必愿意与我同行，我甚至都不认识几个优秀的人。"事实
可能并非如此，他们不是真的社交资源匮乏，也不是真的
接触不到优秀的人，只是他们自认为这样而已。所以，很
多受困于特定圈层的人，他们的问题并不是出在技术层
面。相比那些被称为"干货"的社交方式或方法，他们真
正需要做的是先改变对社交资源的认知。

　　一个人到底能够调动多少社交资源为己所用，很大
程度上取决于他对社交资源的认知。判断一个人到底知不
知道自己拥有多少社交资源，通常只需要问他一个问题：

"当你遇到困难时，你会更加倾向于向谁寻求帮助？是关系亲密的人，还是关系不那么亲密的人？"

在遇到困难时，很多人都会下意识地向关系亲密的人寻求帮助，因为他们觉得双方关系好、交情深、信任度高，获得帮助的概率就会更高一些。这种想法确实也比较符合人际交往原则。不过，真正的社交高手却有不一样的想法，他们在遇到问题时反而更乐于向陌生人寻求帮助。

这两种不同的社交思维分别对应着两种不同的社会关系。

一般来说，我们把那些接触频率比较高或联系比较紧密的人叫作强关系，如亲人、至交好友等，这种关系之间的联系叫作强联系。

除了强关系外，还有另一种社会关系：彼此之间的接触频率没有那么高或关系不那么密切，只能算面熟或认识，双方并没有太深的交往，也就是我们经常说的点头之交和泛泛之交。我们把这种关系叫作弱关系，把它们之间的联系叫作弱联系。需要强调的一点是，重视弱关系的人一般能够拥有更多的社交资源和更多的机会。

为什么说重视弱关系的人能够拥有更多的社交资源和更多的机会呢？这是由强关系和弱关系的不同特质决定的。

强关系的最大特点就是双方情感联系紧密，他们大多三观一致，眼界和格局相似，认知水平也一般处于同等层次。与这样的人在一起会比较有默契，这也就是我们经常说的"同一类人"。但是，强关系都有一个共同的特征——同质化。

例如，你需要就某个问题进行头脑风暴，但是你发现大家的想法都出奇的一致。你能想到的，其他人也想到了；你想不明白的，其他人也想不明白。

再如，你试图借助人际关系解决某个棘手的难题，但是当你把身边好友的社交圈都梳理一遍后发现：他认识的人，你也认识；你联系不上的人，他同样也联系不上。

而弱关系则与之相反——双方情感联系松散，信任根基浅薄，眼界和格局差距较大，在很多方面的认知也不相同。从表面看，双方似乎并非同一类人，甚至都不像同一个世界的人。他们之间的联系通常源自不同分工体系下的社会性协作需求，或者基于价值互换的社交活动。不过，正是因为彼此间存在的这种差异性，才让他们在资源共享时能够很好地形成互补。

那么，情感联系松散、信任感淡薄的弱关系真的就那么好用吗？这到底是未经验证的理论设想，还是经过实践印证的可靠事实呢？

其实，社会学家早就对此做过相关的研究。其中，斯坦福大学教授、美国著名社会学家马克·格兰诺维特在1973年所做的一项研究最为著名。当时，为了验证弱关系在人际关系中的重要作用，他对波士顿的282名上班族进行了跟踪调查。结果显示，他们当中有 84% 的人是在弱关系的助力下获得工作机会的。这种压倒性的优势足以彰显弱关系的力量。随后，马克·格兰诺维特据此发表了论文《弱关系的力量》。他在这篇论文中表示：通过弱关系，我们不仅能够获得更多的机会，还能够接触到更多的观点和创意。

另外，在某些情况下，弱关系还能够在我们不快乐时让我们有很强烈的幸福感。那么，弱关系究竟能够带给我们怎样的幸福感呢？

对此，英国埃塞克斯大学心理学高级讲师吉莉安·桑德斯托姆曾经用自己的亲身经历来举例说明。她说："我总是会向卖热狗的那位女士笑一下，与她打个招呼。虽然我们从来没聊过天，但是这让我感到自己被认可，感到与他人有所联系，这令我感觉很开心。"

彼时，她正在攻读心理学专业的硕士学位。她所说的那个卖热狗的女士的摊子正好在两栋教学楼之间，她几乎每天都要从那经过。这段平常却又不寻常的经历让她找到了心理学的研究方向。她让受试者对自身的社交活动进行录音，然后对其进行分析研究。最后的研究结果表明，在不同的受试者中，有更多弱关系的受试者的幸福感会更强一些；同一受试者，跟弱关系联系多的那天也比其他时间更开心一些。

强关系固然珍贵，是我们重要的社交资源，但它只是社交资源中的一个存量，而拓展社交资源的关键是设法让弱关系成为增量。这就要求我们转变思路，把接触不多的弱关系当作下一步社交拓展的对象，这样才能实现社交资源的快速增长，促进人际关系的高效拓展。

积极参加活动，做好"云社交"时代的线下社交

    很多人都想有更好的人际关系，却不知从哪里入手。其实，挖掘弱关系以实现社交增量，是拓展社交资源非常重要的一个途径。那么，怎么做才能借助弱关系扩充社交资源呢？答案是积极参加各种社交活动，让更多的人认识你，同时你也尽可能记住更多的人。要知道，这不仅是拓展人际关系的重要途径，而且也是为弱关系注入活力、实现社交增量的有效策略。

    那么，在当前这个"云社交"时代，我们还有必要通过线下社交的方式实现社交增量吗？可能会有不少人对此持否定意见。因为他们觉得如今各类社交软件层出不穷，

人们足不出户便能结识五湖四海的朋友。很显然，与传统的线下社交相比，线上社交更快捷、便利。

例如，当某人准备把朋友推荐给另一个人时，经常就会出现以下场景。

A：周末我准备组织一次聚会，你可以过来一趟，我给你介绍几个朋友。

B：谢谢老师。不过，您能把他们的联系方式给我吗？

A：为什么呢？

B：老师，北京实在太大了，虽然大家都在同一个城市，但是来回路上要花好几个小时。如果需要在聚会上发言，我还要提前做好准备。再加上参加聚会的时间，这可能会占用我整个周末……

　　的确，在快节奏的当下，整个周末的时间可以用来做很多事情。更何况，他可能在几天前就已经安排好了周末计划。所以，花整个周末的时间参加一次线下社交活动有悖于他们的时间管理理念。在他们看来，不就是互相认识一下吗，加个联系方式就可以了，然后利用一些碎片时间完成线上的沟通和交流。另外，他们可能还有一层担忧，那就是跟一些不熟悉甚至根本不认识的人聚在一起，万一话不投机，岂不是彼此都很尴尬？

　　持有这种观点的人很多，尤其年轻人居多。一项社会调查显示，有将近一半的年轻人明确表示自己会回避线下社交，而且把原因归结于工作压力太大、自身精力有限。在他们看来，诸如团队建设之类的线下社交活动都是"无效社交"。他们给出的理由也大同小异："参加活动的人实在是太多了，而很多人根本就不熟悉，这样的社交活动对我来说很费心力。"总之，在他们看来，线下社交就是一种既没有多少价值又特别无聊的活动。

　　但事实果真如此吗？凡是觉得线下社交既无聊又没有

必要的人，请记住一句话："线上聊千遍，不如线下见一面。"之所以如此说，主要有以下两个原因。

首先，要想拉近彼此之间的关系，线下沟通是最高效的途径之一。线上社交虽然比较便捷，但是很难拉近人与人之间的关系，甚至会使双方越来越疏远。就像《纽约客》的心理学专栏作家玛丽亚·康尼科娃所说的那样："互联网具有使人疏远的天然属性。"

其次，单纯的线上沟通并不足以让双方建立足够的信任感，更不太可能让对方轻易成为自己人际关系链中的一环。因为在互联网世界，"你永远不知道网络对面的是一个人，还是一条狗"。

或许，有些人会觉得，那些经朋友引荐的人是"靠谱"的，与这样的人似乎仅凭线上交流就能建立稳固的联系。其实，这种"靠谱"多半是因为有推荐者的信用背书。而且仔细观察一下你就会发现，我们身边那些"靠谱"又好用的弱关系大多是有过线下交往经历的。由此可见，有效的线上社交都是线下社交在线上的延续而已。

因此，尽管线下社交并不轻松，但是非常有必要去做。而要想在线下社交方面有所收获，一定要讲究方法与技巧。下面简单介绍几个实用的小技巧。

注意第一印象，展示最好的自己

这里提到的线下社交自然不是指与至亲好友促膝长谈，而是指有不熟悉的人在场的情景下进行的社交。事实上，只有这些不熟悉的人在场，我们才能通过社交活动持续拓展人脉，实现社交增量。当然，也正是因为在场的人都不熟悉，我们就需要特别注意给人留下良好的第一印象。

所以，参加线下社交活动时充分的准备和良好的状态缺一不可。即使你真的很忙，也一定要挤出时间来好好调整状态。否则，如果你双眼无神、一脸憔悴地出现在众人面前，不仅不会给人留下良好的第一印象，甚至会让人觉得你不靠谱、不礼貌。

开口三句话，贴好自己的价值标签

最糟糕的社交体验，莫过于活动过程中大家相谈甚欢，可散场后回头再想却怎么也想不起来对方是做什么的。所以，在参加一场社交活动前，一定要给自己贴好价值标签。

例如，与对方初次见面时可以这样介绍自己："您好，我叫××，从事××方面的工作，如果您有××方面的需要，我很乐意为您提供帮助。"

当然，自我介绍的句式五花八门，措辞也各有千秋，但要想有一个合格的开场白，就必须讲清楚三个核心问题：我是谁，我是做什么的，我能为你提供什么样的帮助。或许，有人觉得这样自我介绍会显得很功利，实则不然。清晰阐释这三点，不仅能够让对方在短时间内了解自己，又能顺势抛出不错的开场话题，快速拉近彼此距离，营造其乐融融的交流氛围，为后续互动打下良好的基础。

麻烦一下对方，建立必要的联系

很多人说，交情就是从麻烦对方开始的。事实也的确如此，你麻烦他一下，他再麻烦你一下，来来往往之间，交情自然也就产生了。所以，在自我介绍的同时，也别忘了记住对方的价值所在和擅长的事情。而在经过一番畅谈之后，再请对方帮自己一个忙，这样一来一往，两个人也就顺理成章地建立联系了。

需要注意的是，麻烦别人帮忙的事也是有讲究的。这些事情既要"够大"，又要"够小"。这或许听起来有些矛盾。够大，是说这件事对自己来说要足够重要，起码看起来应该很重要；够小，就是指站在对方的角度，这件事是轻而易举就能完成的。这样就可以让对方毫不费力地送你一个人情，为双方后续的交往埋下伏笔。

日后在对方需要你帮忙时，你再把这个人情还回去。

一来二往，双方的交情也就算结下了。此后，哪怕彼此之间的联系不那么紧密，他也能成为你社交资源中一个非常重要的弱关系。

从线下到线上，让线上资源保持活力

如今，大家最常用的线上社交工具莫过于微信了。而提起微信的朋友圈，有一句颇具争议性的话，那就是"朋友圈里没有朋友"。

这句话到底该怎么理解呢？这是一个仁者见仁、智者见智的问题。

有人说，第一次听到这句话时，有一种荒唐可笑的感觉。可仔细想想，却感觉真的是那么回事。例如，朋友圈里那么多人，还真没有几个能够吐露心声的人。一般就是互相点赞，混个脸熟，表示自己一直在关注着对方；或者在觉得有趣的朋友圈内容下留个言，再根据对方的回复

71

随便聊一两句。这种形式的交往被形象地比喻为"点赞之交"。

很多人对这种单纯"点赞"的交往模式不以为然，但也有一些人乐此不疲。双方之所以态度迥异，是因为他们对社交的认知截然不同。通常认为社交就是结交志同道合的朋友的人，一看到朋友圈里能说知心话的人越来越少，自然会感觉很失落；而对于那些认为社交的本质就是价值交换的人来说，朋友圈就像一个便捷高效的社交资源交换站，这里的人无需频繁深入沟通，偶尔点个赞、留个言就能维持彼此的关系，这种低投入、高回报的社交模式自然会令他们满心欢喜。

如果从强关系和弱关系的角度来看，朋友圈里需要花费大量时间和精力维持的强关系较少，而无需投入大量时间和精力、仅凭点赞和留言就可以维持的弱关系则比较多。对于很多弱关系，我们在现实中并没有多少接触的机会，维护这些关系也无需付出太多的时间和精力，但它们可能在某些关键时刻发挥意想不到的作用。

不过，也不是任何人朋友圈里的弱关系都有那么高的"性价比"。或者说，并不是所有人都能管理好朋友圈里的弱关系。而那些不会做线上人际关系管理的人，通常都会在自己的朋友圈里"迷路"。例如，有些人明明记得通讯录里某个人在某方面很有实力，却怎么也想不起来到底是谁；有些人发现某人的朋友圈内容格外有趣，想要留言却忘了该怎么称呼对方，也不记得何时何地或者为什么添加对方的微信。

不会做线上人际关系管理的人的另一个特点，就是经常主动或被动地对微信通讯录进行"瘦身"。之所以经常主动"瘦身"，是因为通讯录中有太多的人对不上号，根本就不知道对方是谁，又不好意思直接发问，干脆一删了之。

而被动"瘦身"则是因为想联系某个人时，却发现自己已经被对方删除好友或拉入黑名单。既然已经不在对方的通讯录里了，那就只能也把他从自己的通讯录里"请"出去。

为了避免出现以上情况，我们必须管理好自己的朋友圈或者通讯录。而要想做到这一点，就需要采用一些行之有效的方法和技巧。

好友分类，人际关系清晰明确

微信有一个很实用的功能，就是可以对好友进行分组。如何分组呢？很简单，打开微信后，先进入"通讯录"界面，里面有一个"标签"选项，点击"标签"选项进入之后，再点击"新建标签"，就可以创建一个新的标签，如同学、同事、家人等，接下来就可以把相应的好友都归类于这个标签下。

对社交资源进行分类的标准有很多。如果按照圈子的不同进行分类，那么大致可以分为六个圈子：家庭圈、同事圈、同学圈、爱好圈、平台圈和职场圈。如果还有好友不在这六个圈子里，那么根据实际需要添加新的标签。这样一来，原本乱糟糟的通讯录就变得井井有条了。

或许有人问，是否有必要这样做呢？答案是肯定的。目前，微信通讯录的上限是 10000 个好友，虽然很少有人能够添加 10000 个好友，但是通讯录好友超过 1000 个的却大有人在。而根据邓巴定律，普通人只能与大约 148 个人维持稳定的社交关系。因此，要想管理好微信通讯录中的好友，最好是对好友进行分类。

加上备注，防止关键信息丢失

在微信平台上，人们使用的头像各式各样，昵称也五花八门。不同年龄、不同性别、不同行业、不同性格的人，通常都会根据自己的喜好选择不同的头像和昵称，而且还会时不时地改动一下。如果想以此来辨认对方身份，真的非常难，特别是那些不熟悉、交往又不多的弱关系。

为了更好地记住这些弱关系类型的朋友，在对微信通讯录进行分类之后，我们还要做一件事——给对方加上必要的备注。目前，微信好友可以添加 15 个字的备注，我们一定要用有限的字数标注尽可能多的信息，如对方的真实姓名、职业、单位、职务等。此外，在备注之下还有"添加电话"和"添加图片"选项。可以说，我们备注的信息越完整，和对方失联的可能性就越低，联系起来也就越方便。

设置数字名片，让别人第一时间找到你

社交从来都是双向的，线上线下皆是如此。因此，除了要盘点与整理自己的线上好友资源外，我们还要设置好自己的数字名片，防止被别人"弄丢"。

设置自己的数字名片，简单点说就是管理好自己的头像和昵称。一般来说，不管是头像还是昵称，都不可过于个性和抽象。

头像可以用自己的近期照片，可以休闲一些，也可以正式一些。具体如何选择，要根据自己的工作性质而定。

昵称可以用自己的真实姓名和工作单位，如此一来，

别人对你的身份便能一目了然。在昵称里标注电话也是一个不错的方式，可以更方便他人联系到你。有些人还会在自己的昵称前面加上字母 A，这样自己在好友通讯录里的排序就会比较靠前，无形之中增加了曝光率，加深了对方对自己的印象。如果你希望结交更多的人，想要与更多比自己优秀的人同行，不妨尝试这些方法。当然，如果你本身就影响力比较大、社会地位比较高，那么完全不必这样做，更不要在昵称中留下联系方式，以免被过多打扰。

靠朋友结交朋友，做人际关系网中的
关键节点

美国著名社交专家朱迪·罗宾奈特曾经说："成功人士之间的连接，就像埋在地下的电缆，大多数人看不见这些电缆线的存在，但是它传输的电能却能够让全世界运转。"

朱迪·罗宾奈特的这句话可谓既深刻又形象。它不仅描绘了人与人之间的联系方式，而且表现了人际关系所蕴含的惊人力量。

人们在社交过程中会与不同的人产生连接，形成很多关系线。这些关系线之间同样也会产生连接，进而形成一张网，也就是我们常说的人际关系网。如果从整个社会的视角来看，我们每个人的人际关系网只是社会这个巨大网络中毫不起眼的一个点。这个点究竟能调动多少资源呢？这就看它能与这张大网中的多少个点建立连接。我们与另一个人产生连接，就等于与他身后的人际关系网建立了连接。无疑，这是一个非常可观的社交增量。不过，怎么才能让对方愿意倾其全力地帮助你呢？

其实，卡耐基早就给我们准备好了答案。他说："如果我们想要交朋友，就要先为别人做一些事情。"

简单点说，要先以人际连接人际，用资源交换资源，即把自己的朋友介绍给其他朋友。而要想做到这一点并没有想象的那么简单。如果仅凭满腔热情做事，不但得不到想要的结果，还很有可能得不偿失。因此，我们做这件事时一定要讲究方式方法，同时还要注意以下几个关键点。

保持克制，非请勿动

虽然"利他"是与人交往的重要法则，但是也要讲究分寸，千万不可因为太热情而莽撞行事。有些太热情的人总是见不得别人陷入困境。一看到别人遇到困难，他总是第一时间冲上去帮忙，结果却经常"好心办坏事"。例如，对方可能只是暂时遇到了困难，稍微努力一下就能自己解决，这时候他可能不想因此而欠别人一个人情，如果你将这个人情强塞过去，那就不是人情而是成为对方的负担了；也可能对方真的遇到了难处，也确实想要寻求帮助，不过他心中另有安排，或者他不想让这个人情落在你身上，如果你贸然去帮忙，自然不会有什么好结果。

当然，这不是说我们在别人遇到困难时要袖手旁观，而是要保持一定的克制，最好等对方开口后再帮忙。当人处于艰难境地、孤立无援之时，如果能得到他人的帮助，就会觉得这份人情很珍贵；相反，硬塞过来的或者不请自来的人情往往会让人觉得有些突兀，甚至可能会给其带来心理负担，这样的人情就容易被看轻。

有些人可能碍于面子而不会轻易开口求人。对于这类人来说，要是别人能敏锐地察觉到他们的难处，恰到好处地施以援手，那么这份人情在他们心里就会格外珍贵。不过，帮忙也是一个技术活，要是在帮忙的过程中没有考虑周全，不小心伤了对方的面子，对方可能就会心里不舒服，甚至会心生怨恨。因此，你必须确认对方真的想要帮忙再去帮他也不迟，这样既能避免不必要的尴尬与误会，又能真正起到雪中送炭的作用。

总之，我们要记住，强塞的帮忙不是情，真心求来的才是恩。所以，我们帮他人时不要太主动，否则只会适得其反。

注重人品，对朋友负责

当你把某个朋友介绍给其他朋友时，其实是让自己成为他们两个建立连接的关键节点。在他们眼中，你的引荐就是一种信任背书，是基于你对双方人品、性格等的深入了解才做出的郑重推荐。因此，我们在引荐朋友时要慎之又慎。或许，受诸多条件限制，我们没办法保证每一次牵线搭桥都有皆大欢喜的完美结局，但是起码我们要保证双方不能有人品方面的问题。

曾经有人在网上发帖抱怨说"把工程项目介绍给身边的朋友才最危险"，很快就有人在这个话题下留言："说得太对了！俗话说'见不得你过得好的人，往往是你身边亲近的人'。如果你把一个很大的工程项目介绍给身边的某个朋友，他的第一反应很可能不是感激你，而是嫉妒你——嫉妒你各方面条件都不如他，却能拿到这么好的工程，他不甘心。"

这位留言的朋友并没有细说自己的遭遇，但是从他言之凿凿的观点和对题主的谆谆告诫中不难看出他是感同身受。

在日常生活中，因错信人品欠佳的朋友而遭受伤害的事情屡见不鲜。如果把这样的人介绍给其他朋友，那么你大概率会同时丢掉两个朋友。如果事态进一步发酵，甚至可能会在你的社交圈里掀起轩然大波，对你的声誉、人际关系等造成极大的负面影响。

那么，我们应该如何判断一个人的人品呢？评判一个人人品的标准有很多，但总体而言，如果你的朋友缺乏真诚、感恩、有责任感、宽容这几类品质，那么你最好不要贸然把其他朋友介绍给他。要知道，真诚是人际交往的基石，没有它的话，人与人之间便难以建立真正的信任；而一个不懂感恩的人只会一味地向旁人索取，却从未想过回报对方；有责任感的人对于他们答应的事情必定会全力以赴，绝不轻易食言；宽容更是化解矛盾、维持关系的"润滑剂"，毕竟谁也不想跟一个斤斤计较、小肚鸡肠的人做朋友。

拒绝单向输出，用双赢滋养人际关系

之所以有那么多的人不屑于谈人际关系、社交，甚至觉得这种话题太市侩，无非是因为他把人际关系理解为互相利用，把社交看成价值和资源的交易。实际上，虽然人际交往的本质就在于价值和资源的流通，但这种流通绝不只是简单的交易，而是具有不同价值和拥有不同资源的个体之间的互相成就。所以，在把某个朋友介绍给其他朋友之前，一定要考虑他们之间有没有互相成就的契机。如果只是单纯地请某个朋友帮助另一个朋友解决困难，那么这种操作就成了价值和资源的单向输出。这种输出本质上是一种消耗，无法持久，只有互相成就的双赢才是对人际关系的有效滋养。

所以，下次再想引荐朋友时希望你能说："我有个朋友正在做某件事情，你们可以认识一下，这对你来说或许也是一个机会。"而不是说："我朋友人很好的，他现在真的遇到困难了，你就帮他一下吧！"

细节彰显人品，用人品带来社交增量

在职场中，很多人都想赢得上司的认同与青睐，进而被委以重任。要想实现这点，首要条件是取得上司信任，也就是要让自己成为人品可靠、值得信赖的人。只有这样，上司才会放心地把重要的事托付给你，你的职场之路才会越走越顺。

这个道理同样适用于社交方面。例如，当你遇到一个比你优秀得多的人时，双方能否建立连接，可能并不取决于你的能力、价值或者你所能接触到的那点资源。因为既然对方比你优秀很多，那么能力、资源等方面想必也不会比你差。所以，他们可能更看重的是你的人品。

若想以人品助力社交，我们在人际交往中需要注意以下几个关键点。

在利益面前，用长期主义守住本心

《遥远的救世主》中有这样一句话："一个元宝不失德行，一坛元宝图财害命。"这说的就是人在利益面前最容易迷失自我，也最容易显露本相。不少平时看来挺靠得住的人，在巨大的利益面前都做出了错误的选择。所以，洛克菲勒才说："利益，永远是人性的照妖镜。在利益面前，一切与道德、伦理有关的本质都将原形毕露，且一览无余。"

其实，人际交往的本质就是要利用各自的价值和资源互相成就，以获得最后的双赢。而能否双赢，则取决于双方的人品如何。当然，这并不是说面对比我们优秀的人时，我们就应该谨小慎微，甚至主动出让自身利益来彰显自己的人品，而是说我们要抱着长期主义的态度做人做事。具体地说，就是要把眼光放得足够长远，要学会用一个长期的目标帮助自己做出正确的选择与取舍。长期主义能够帮我们在不确定的世界里做出理性的选择，同样也能够让我们在面对眼前的短期利益与诱惑时守住本心。

很多时候，我们所认为的品性问题，其实也有可能是认知问题。奉行即时满足主义的人多半会选择尽可能多地获取眼前的既得利益，而长期主义者则会因为拥有长期目标而可以保持内心的清明。因此，我们与其用品性中的道德感压抑内心的欲望，倒不如让自己做一个坚定的长期主义者。

细节不会撒谎，让优雅成为习惯

美国作家爱默生说过："一个人的品性不应由他的特殊行动来衡量，而应该由他的日常行为来衡量。"

众所周知，细节决定成败。同样，在社交领域，细节也是洞察人品的关键要素。那么，如何通过细节了解一个人的人品呢？

当一个人独处的时候，往往是他最为轻松自在的时刻，同样也是观察他人品的绝佳时机。在没有外界干扰的情况下，人们无需刻意伪装，那些在社交场合中被有意或无意隐藏起来的习性、特质，此刻全都清晰显现，让人得以精准判断其品性。对此，爱默生是这样诠释的："人们以为品德善恶的表露是出于明显的行动，却不知自己已经在不知不觉间泄露了自身的品格。"

既然行动会表现一个人的人品，那么我们就需要多观察一个人的行动。不过，这种观察不能仅停留在表面，我们需要从"知"和"行"两方面进行深入观察。在"知"的方面，要了解其行为背后所蕴含的动机、理念，即促使行动产生的思想根源；在"行"的方面，则要注意观察行为本身所呈现的模式、习惯，包括日常的待人接物、面对困难或利益时的选择等。只有这样全方位、多层次地观察，才能精准地透过表象看清一个人的人品。

我们个人也要养成知行合一的良好习惯。例如，要让自己的一言一行都像呼吸一般自然，不用刻意伪装什么，这样也就不会有"当面一套，背后一套"的表现了。

学会闲谈，少论是非

我们要想通过观察来了解他人的品行，一定要应用好一个重要的场景，那就是闲暇时双方坐下来闲谈。对于闲谈能力的重要性，日本著名咨询师森优子是这样诠释的："没有闲谈的能力，就打不通成功的道路。"

对于任何人来说，闲谈的能力都非常重要，因为很多重要的商业合作、关键的人事安排往往就是双方在闲谈之际做出的决策。

如果我们想通过闲谈来了解一个人的人品，不妨借鉴经验丰富的 HR 在面试场景中的做法。那些聪明的 HR 在面试环节通常会抛开专业问题不谈，而是聊一些无关紧要的闲话。这样做一来可以消除对方的紧张情绪和防备心理，让他们在松弛的状态下展现真实的自己；二来可以通过那些看似随意实则暗含深意的闲聊话题来了解对方的个人品质、行事风格等。

　　值得注意的一点是，我们在闲谈时最好多谈实际问题、少论他人是非。这种行事风格可以让我们给人留下品行端正的印象，从而赢得他人的认可和信赖。

📝 **本章精要**

5个技巧
增加圈层宽度

- 重视弱关系，挖掘更多社交资源
- 积极参加线下活动，让人记住你
- 小投入大产出，别忽视线上资源
- 互相成就，靠朋友不断结交朋友
- 重视细节，用人品赢得他人信任

第 3 章

建立深度连接，
让圈层更有厚度

与人交往时，很多人都想与他人建立较为深厚的关系，而不是满足于泛泛之交。要想与他人的关系变得更为深厚，就要与对方建立深度的连接。与他人建立深度连接的方法有很多，比如与对方分享自己的故事或情感、与对方成为利益或事业方面的共同体、与对方进行深入的交谈、找到与对方相同的兴趣或价值观等。

分享自己的故事或情感，建立深厚的情感连接

要想与他人的关系变得更为密切，就需要与对方进行深度交往。深度交往大致可以分为以下两种。

一种是源于价值交换的深度交往，双方能够优势互补、合作共赢，可谓合则两利、分则两伤，此种情况下进行深度交往对双方都有好处。不过，这种形式的深度交往会随着一段合作关系的结束而慢慢"降温"，因此它的稳定性和可靠性比较差。

另一种是源于情感连接的深度交往。这种形式的深度交往不仅更稳定、持久，而且更可靠、可信。那么，怎样

才能与他人开展这种形式的深度交往呢？其实，一个最简单的做法就是与对方分享自己的秘密，这个秘密可能是一个故事，也可能是一份情感。

为什么分享一个秘密就能够收获一份友情？

社会心理学中有一个概念——自我暴露。所谓自我暴露，指的是向别人说心里话，坦率地展现自己、陈述自己、推销自己。换言之，就是一个人自发地、有意识地向他人暴露自己真实且重要的信息。这既是一种心理需求，也是人际交往中非常重要的一项能力。从自我心理需求角度来讲，让他人知道和了解真实的自己，对维护心理健康意义重大，这也是很多心理学家已经形成的共识。

虽然自我暴露是建立亲密关系的一个有效途径，但使用者也要讲究方式方法，同时还要遵循适度的原则。很多人喜欢不分时机、不分场合地向他人分享自己的故事，或者把自己的秘密毫无保留地讲给别人听，这就是过度的自我暴露。

英国作家王尔德曾经说过："一个人应该永远保持一点神秘感。"其中的"一点"，讲的就是"适度"的问题。要想在社交时保持"一点"神秘感，我们既要适度地自我暴露，又要避免陷入另一个误区——在任何人面前都对自己的事情闭口不谈。

那么，分享多少自己的秘密较为合适？

秘密适合分享给什么样的人？

什么样的秘密适合分享给别人？

首先，我们看看分享多少秘密较为合适。这个问题并没有标准答案，那该怎么判断我们分享的秘密数量是否合适呢？我们可以仔细回想一下，是否出现过自己分享出去的秘密被他人肆意传播的情况。如果有，就意味着自己分享的秘密过多，或者分享的时机、对象、内容等方面有问题；相反，如果我们感觉身边的人都与自己很疏远，除了工作上的事情，都不怎么跟自己聊其他话题，那问题大

概率出在我们过于看重自己的秘密，与他人分享的私密太
少，使他人难以真正走近自己、了解自己的内心世界，进
而难以建立深厚、亲密的关系。然后，我们要根据自身的
情况决定下一步的行动方向，比如适度增加分享的秘密数
量，以便拉近与他人的距离；或者减少分享的秘密数量，
以更好地保护个人隐私。

　　接下来，我们看看秘密适合分享给什么人。适合分享
秘密的人一定要满足这几个关键条件：第一，人品好；第
二，与自己合拍；第三，被自己所欣赏。例如，他很少在
你面前谈论他人的是非，只是偶尔分享一些自己的趣事或
小秘密，而且尺度把握得刚刚好，让你听起来轻松愉悦，
听完也毫无心理负担；或者你们之间有着不错的合作关
系，并在合作过程中积累了一定程度的默契与信任；或者
虽然你们认识的时间并不长，但是对方身上的某些特质让
你非常欣赏，同时你也希望双方的关系能够变得更加亲密
一些。

　　最后，我们看看什么样的秘密适合分享给别人。哲学

家伊本·伽比鲁勒曾经说过："如果你想对敌人隐瞒某件事，千万别把这件事向你的朋友透露。"这句话的意思是说，有些事如果你告诉了一个人，就等于告诉了全世界，自然也包括你的敌人。所以，你在分享秘密前一定要审慎思考。如何审慎思考呢？要知道，不同的人思考问题时的关注点并不一致，所以关于这个问题，很难给出统一的标准答案。不过，在分享秘密前，以下几个关键点一定要仔细审视、认真思考，并据此确定要分享的内容及分享对象、分享范围等。

适当地自曝缺点

当你打算与他人分享秘密时，要清楚这个秘密应当带有自我暴露的性质。例如，适当地暴露自己的某些缺点，或者自己曾经做过的那些不太体面、羞于示人的事情。这种带有自嘲意味的自我暴露会让对方觉得非常"接地气"，从而也愿意对你敞开心扉，让双方的交流不再停留于表面。

相反，如果你分享给对方的秘密只是用来证明自己有多么优秀、多么厉害，那对方要么觉得你在吹嘘，要么也向你分享一个证明他更厉害、更优秀的案例。如此一来，你们的谈话就会变成一场毫无意义的"攀比大赛"。最终，究竟谁更胜一筹或许无从定论，但可以肯定的是这场谈话的话题已经彻底偏离了分享秘密、拉近距离的初衷。因此，我们在分享秘密时一定要注意内容与方向的选择。

不能"自杀"式自曝

每个人都有自己的秘密，有些秘密可以分享，而有些秘密注定是要被深深隐藏起来的，即使再亲近的人都不能分享。例如，那些可能被别有用心者当成武器刺向自己的秘密。

能分享的是什么？曾经的糗事、有趣的经历、遭受的挫折、曾经犯下的小错、年轻时走过的弯路等都可以拿来分享。例如，小时候爬树摘果子，不小心从树上跌落，可能也曾因此被邻家阿姨追赶等。这些事迹虽然不那么"光彩"，但也无伤大雅，诸如此类的秘密是可以分享给他人的。

分享的内容必须是真实、有趣的

既然分享秘密的目的是让彼此的关系更近一步，那么你分享的这些秘密就必须是真实的。毕竟，真诚是人际交往的第一大原则，而且只有真实的东西讲起来才生动、自然。这种从心底自然流露的真实感能被对方真切地感受到，他们也会以同样的真心回应你。如此一来，双方的距离便悄然拉近了。

当然，我们分享的秘密还要有一定的趣味性，因为有趣的内容才能让对方印象深刻。我们可以像讲故事一样，用风趣的语言讲述自己真实经历的趣事。

藏在共同体里的深度连接

　　人类社会的关系网络中存在着三种不同层次的连接模式，即利益共同体、事业共同体、命运共同体。虽然这三种共同体深度连接的程度不同，但它们并不是彼此孤立存在的。实际上，它们之间既有层层递进、渐次深入的关系，也存在不断转化的可能。

利益共同体

　　各类社交关系中有着不同的利益共同体，其中最典型的就是员工和企业。员工和企业之间是一种什么样的关系呢？或许在有些员工眼里，双方之间就是简单的雇用关系。最朴素的理解就是企业花钱雇我干活，我上一天的班，企业给我一天的钱；给我多少钱，我就干多少活；如果想要我无偿加班，那我便在上班时"摸鱼"。其实，这种认知是存在偏差且不太靠谱的。只依靠利益维持的关系，无疑是脆弱且不稳定的。一旦企业面临经营困境，无法保障员工的收益，或者员工发现有更好的外部机会，这种关系可能瞬间就会瓦解。企业如果只把员工视作按产出计费的"工具人"，员工也仅把企业当作"提款机"，双方缺乏更深层次的情感连接、价值认同及共同愿景，那就很难携手共渡难关，实现长远的协同发展。长此以往，无论是员工的职业成长，还是企业的持续壮大，都会受到极大的制约。

当然，如果我们换个视角，比如站在企业的角度来分析，这样的关系也并非毫无可取之处。或者说，只要在一定的规则之内"先予后取"，这种关系可能大有可为。通常只要企业能按时且足额地向员工支付报酬，那么员工便会获得极大的满足感与安全感。在这样的前提下，他们自然会以更高的热情、更专注的态度投入工作。随着时间的推移，员工对企业的忠诚度会逐渐增升，不再轻易被外界的诱惑所动摇，并将自身的职业发展与企业的前途紧密相连。如此一来，企业就拥有大量敬业、忠诚的员工，并能打造一支战斗力很强的团队。

因此，对于利益共同体，我们应认清几个事实：第一，从规模和普遍性来讲，利益共同体所涵盖的关系在我们形形色色的社交与协作关系里占据了相当大的比例；第二，如果维护得当，这种看似基于利益的关系完全有潜力转化为推动我们个人成长、事业发展的重要助力；第三，维持这类关系的秘诀就是"先予后取"；第四，在这类关系中，如果我们能善待他人，那么大概率能够获得较好的回报。

事业共同体

与人交往时，我们可能会与他人成为利益共同体的关系，而这类关系往往潜藏着一个极大的问题，那就是"可以共富贵，不能共患难"。

举个例子，假如你是一家企业的创建者，在创业初期，企业能为员工提供不错的待遇，他们也会毫不吝啬地付出自己的时间、精力帮助企业发展。不过，一旦你遭遇困境，无法再提供令人满意的报酬，那么大多数员工就会离你而去，重新寻找有能力付给他们报酬的人。

当然，也有一部分人不离不弃，选择继续留在你身边，他们愿意放弃或者牺牲眼前的利益帮你，同时也为自己博一个未来。此时，他们与你的关系就成了利益共同体的升级版——事业共同体。这类人身上一般都有一些与众不同的特质。例如，他们很可能是长期主义者，会把很遥远却很有意义的事情作为目标，并愿意为了这个长远的目标牺牲眼前的既得利益。这样的人也被称为"为梦想而奋斗的人"。要想与这类人建立深度连接，你需要具备这样一种能力——以激情点燃激情、用梦想照亮梦想。因此，我们要学会把自己的梦想变成很多人的梦想，并使其成为大家共同追求的目标和奋进的方向。

命运共同体

所谓命运共同体，严格地说它也是一种特殊的利益共同体。如果说事业共同体是利益共同体的升级版，那么命运共同体就是利益共同体的终极版。具体地说，身处同一个事业共同体的人可以暂时牺牲一部分眼前的利益，与你一起为美好的未来拼搏；而身处同一个命运共同体的人不仅可以牺牲眼前的既得利益，如果有必要，他还会不惜付出更多的代价。

例如，某位企业家对员工说："现在企业遇到了困境，不得已只好给你们降薪一半。但是，等将来企业情况好转了，我一定会提供更好的薪资待遇。到时候，你们的损失都将得到补偿。"

这个时候，有些员工选择离开，有些员工选择留下。选择离开的那些员工，他们与企业家的关系就是利益共同体；而选择留下的那部分人，他们与企业家的关系就是事业共同体。

如果过了一段时间，形势非但没有好转，反而越来越糟，这位企业家又对留下来的员工说："我们企业的情况越来越艰难了，你们需要在原来降薪一半的基础上再减少一部分薪酬。但是，我相信我们一定会走出困境，企业将来也一定会变得更好。届时，你们将与我一起拥有这个企业。"

这个时候，自然又会有一大批人选择离开。而那些继续选择留下的人，他们与企业家就成了命运共同体，因为他们敢于把自己的命运与企业家的命运绑定在一起。

简单地说，利益共同体、事业共同体、命运共同体都属于不同程度的深度连接关系。利益共同体看重的是利益（价值），事业共同体看重的是梦想和希望，而命运共同体看重的是人。

我们身边的那些人际关系大致也是这样区分的。

其中，有些关系需要我们用对等的价值去维持和交往。此时，我们就要有利他思维，并做到"先予后取"。在我们的各种社交关系中，这类关系占据的比例是很大的。

还有一些社交关系，他们对我们所做的"事"有兴趣，愿意因此成为我们的助力，并不需要我们拿什么交换。当然，他们也会在做这些事的过程中有所收获。

此外，还会有一些人是因为看重我们这个"人"而愿意不遗余力地给予帮助。之所以如此帮助我们，是因为他们欣赏我们，甚至已在内心深处认可了我们，并想看看我们到底能够走多远。一旦时机成熟，他便会将自己与我们绑定在一起。这就是最有深度的连接。当然，在我们的生命中，这样的人际关系少之又少。

或许，很多人对利益共同体、事业共同体和命运共同体持有区别对待的心态，甚至觉得只有那些不计得失地帮助、提携我们的人，才值得我们尊重、珍惜。其实，这种看法有些片面和狭隘了。那些"贵人"能给我们的，不过是一个或几个契机而已。而在我们追逐梦想的漫漫长路上，所要倚仗的更多是那些一路同行，并能够"你帮我一个忙，我再帮你一个忙"的利益共同体。所以，我们在社交时不要过早做选择和取舍，而是尽量将利益共同体、事业共同体和命运共同体都进行深度连接，让不同层次、不同类型的人际关系交织汇聚，为我们的成长与发展提供全方位的助力。

延长思维逻辑链，探讨有深度的话题

一提到沟通与交流，很多人觉得那不就是简单的聊天吗？他们认为，两个人坐在一起聊一会儿，就是已经沟通过了；如果聊的时间长一些，那就是已经进行了深入的沟通。那么，聊天是不是就等于沟通呢？当然不是。为了便于理解，我们先看几个例子。

A："昨天的风可真大呀！"

B："可不是嘛！我的帽子都差点被吹跑了，那可是我男朋友刚送我的限量版。"

A："我男朋友送了我一个背包，也是限量款的。"

B："我男朋友还说要送我连衣裙呢！我都说了不要，他还非得送，讨厌死了！"

A："我男朋友也是。我过生日的时候，他非要送我最新款的手机。之前送我的手机用了还不到一年呢！"

……

像上面这样的聊天，就算聊一上午或者一整天，就算聊得热闹无比，也不能算是深度沟通吧？

再比如下面这个例子。

A："我听说隔壁公司五点就下班，我们每天还要熬到六点，凭什么我们就要比别人多干活？"

B："这算什么，我有个哥们，人家不仅工作时间短，工资还比我们高，办公环境也比我们好！"

C："唉，别提了，人比人气死人。我邻居与咱们是一个行业的，人家不用天天去公司打卡，动不动就居家办公。我们周末还要挤公交车来公司上班，人家工作日都能在家里待着。你说这怎么比？"

......

要是三五同事或好友聚在一起，聊起上面这样的话题能聊一个通宵，而且还能聊得很热闹。可是第二天你问他们都聊了什么，他们却很难给你讲出所以然。因为他们并没有聊实质性的内容，只不过是在宣泄情感，或者吐槽、炫耀。至于对方说了什么，他们或许根本就不在意。

可见，在很多时候，聊天并不算是沟通。那么，什么是沟通？什么又是深度沟通？

在这方面，有这样几句名言值得我们参考。

"真正的沟通不仅是传递信息，更是理解和接纳对方的思想和观点。"

"有效的沟通不仅是说话，还包括倾听和理解。"

"良好沟通的前提在于能够站在对方的位置上思考。"

我们从上述关于沟通的名言中不难看出，要想做好真正的沟通，就不能自说自话，而是要能听懂对方在说什么。具体地说，不仅要听到对方在说什么，而且要站在对方的位置考虑，想想对方为什么要这样说。同理，你在说话时不仅要自己明白为什么这样说，还要让对方也明白你在说什么。这也是为什么有人会说"沟通的效果并非取决于我们讲述得多好，而是取决于我们被理解得多透彻"。

在与人沟通时，我们的谈话最好始终围绕同一个主题进行，双方都必须聚焦于同一个问题。这样我们就能够针对该话题不断表达自己的观点，同时也不断地吸收别人的观点，双方对这个问题的认识会越来越深刻，讨论的内容会越来越具体。

当然，并不是所有能聚焦某一个话题、能倾听对方的谈话者都可以进行深度的沟通。有时候，一些人虽然始终围绕同一个话题交谈，也能听取对方的意见，却总是在同一个深度上不停地打转，或者总是将力气花在一些细枝末节的问题上，始终无法深入地交谈下去。

有人说要想深入沟通就应提前掌握话题，要有准备、有规划，而且要掌握好谈话的时机。这些方法确实有效，可惜的是它并没有触及问题的实质。如果不能触及问题的实质，那么沟通就难以深入地进行下去。

到底怎样才能保证沟通的深度呢？这就需要我们认识一个概念——思维逻辑链。所谓思维逻辑链，其实就是逻辑思维的串联方式，它一环扣着一环，让我们的思想不断变得深刻。很多时候，我们的思维深度就取决于思维逻辑链的长度。将它应用于沟通的场景中，就变成了沟通的深度取决于思维逻辑链的长度。如果你的思维逻辑链不够长，你根本想不到那么深的层次，又怎么能有足够深度的沟通呢？由此可见，要想让沟通深入下去，就要设法延长自己的思维逻辑链。

怎样延长自己的思维逻辑链呢？这就需要我们牢记一个原则、两个方法。其中，需要遵循的一个原则就是学会提问，要应用的两个方法就是以当下的某个现实为起点，并在不同的方向上连续发问——向前发问追溯原因的为 5why 法，向后发问推导结果的为 5so 法。

5why 法

5why 法即五问法，最初由日本的丰田佐吉提出，后来成了丰田生产系统入门课程的重要组成部分。具体地说，5why 法就是对一个问题连续问多个"为什么"，直到发现这个问题的根源所在。虽然这个方法叫作 5why 法，但在应用这个方法时要灵活一些，并不一定真的要问五个问题。在这里，"5"可以当作"多"来理解。至于到底问多少个问题，需要具体情况具体分析，并没有统一的标准。

举个例子，我们现在面临的问题是业绩不佳，那么第一个要问的问题就是为什么会业绩不佳。我们可能会得到几个不同的答案：市场环境不好，整个行业都大不如前；销售人员丧失信心，积极性不如以前等。

接下来，我们需要从中选择一个问题继续发问。此时，可以应用一个技巧，那就是选择可控的问题继续发问。假如选择为什么市场环境不好这个问题进行发问，那就有可能会说到经济的上行或者下行，再问下去就会触及国际形势等更宏观的问题……显然，如此发问没有多大的现实意义。相反，如果选择员工积极性的问题继续问下去，则很有可能得到更有价值的答案，甚至得出的答案有利于我们摆脱面临的困境。

5so 法

5so 法的具体实施方式与 5why 法大体一致，不同的地方在于发问的方向不同。5why 法是向前追溯原因，问的是"为什么"；5so 法是向后探究未来，问的是"所以呢"。这个不同就决定了两者的使用场景也有所不同：如果遇到现实问题，需要通过分析问题产生的原因找到解决问题的答案，我们就应用 5why 法；如果想要面向未来，做出概率更高的预测或者从前景中发掘更大的驱动力，那么就要应用 5so 法。

在你与他人沟通的过程中，如果能善用 5why 法，就能挖掘出别人看不到的更深层次的原因；而用好 5so 法，则可以把大多数人都看不清的未来清晰地勾勒出来。如此一来，你必将在人际交往的舞台上大放异彩，以深刻的见解与卓越的前瞻性，成为众人瞩目的焦点。越来越多的人愿意与你结识，你的人际关系网也将越来越广阔，有力地推动你在事业、生活等各方面稳步前行。

找到双方共同的兴趣和价值观

　　著名企业家冯仑先生曾经在自己的公众号上发布过一篇名为"人际不是经营出来的，价值观和实力更重要"的文章。在这篇文章中，他记录了某个年轻人对他提过的一个问题。

　　"冯叔，请教一个问题。国庆假期刚开始，一位长辈就安排我去参加一些聚会、酒局。他告诉我必须抓住各种机会拓展人际关系。他还说，在职场或者生意场上，结识贵人，并且把人际关系经营好，能在关键时刻越过一些障碍。想请教您，我们应该如何拓展和经营人际关系？如果在社交中得不到别人的看重，应该怎么办？"

对于这个问题，冯仑给出了这样的答案。

"就我所看到的一些成功或者失败的故事来说，我觉得，用一种技术的方法，或者说，用一种机会主义的方法去看待人与人的交往，不可能成功。另外，我也不主张去开展功利性非常强的社交。事实上，一个人能够得到机会把事做成、获得成功的主要原因，是价值观和实力。与人交往也是如此。相似的价值观，可以把实力悬殊的人连接在一起。"

然后，关于这个话题，冯仑先生又做出了这样的总结："人与人的交往中，最持久的互相支持来源于价值观。价值观的趋同能够缩短财富、地位等带来的差距。"

关于价值观在人际关系中的作用，冯仑先生的观点可谓深刻至极。不过，在这篇文章中，他仍有未尽之言。或者说，他只论述了价值观的重要性，却并没有进一步分享让价值观在人际关系中发挥作用的方法。有时候，我们在读文章时会有这样的体会：文章观点非常深刻，让人读过之后茅塞顿开，可真要打算付诸实践，却发现根本无从下手，也就是我们通常所说的缺少必要的"抓手"。这个"抓手"可能需要通过几个问题的层层发问才会逐渐显现。现在我们要问的第一个问题是：在什么情况下，价值观在人际关系中的重要作用才能得以发挥？

关于这个问题，答案就是两个字——同频。在这里，同频是指价值观的契合程度。因为价值观同频会导致行为和情感反应的相似性，让双方产生"共振"；当"共振"的程度足够强烈时，就会产生"共鸣"；而"共鸣"则是人际关系中最强大的情感力量之一，它能够让双方建立牢固的情感连接。通常，不管人际关系有多么纷繁复杂，两个价值观同频的人总是能够找到彼此，并很快产生"共振"。最重要的是在"共振"的状态下，他们可以更好地理解彼此的想法和感受，并能够建立深厚的友谊和信任。当然，他们在"共振"的状态下也可以轻易建立互相激励、互相支持且不计较个人得失的深度连接。

接下来，我们就会面临新的问题：这个世界上有那么多优秀的人，而且他们都有不同的背景、信仰和兴趣爱好，我们怎么做才能与他们的价值观同频呢？

要回答这些问题，我们需要先把价值观理解透彻。到底什么是价值观？价值观是基于人的一定的思维感官而做出的认知、理解、判断或抉择。简单地说，价值观就是用来认定事物、辨别是非的一种思维或取向。通常，价值观具有稳定性和持久性、历史性和选择性、主观性等特点。

通俗地说，价值观本身是一种主观思维，决定着我们对事物的认知、理解、判断和抉择。例如，我们决定要做什么、不做什么，觉得什么是有价值的、什么是没有价值的，认为什么是对的、什么是错的，等等。可以说，这些判断和抉择都是在价值观的影响下做出的。价值观并不是一两天就形成的，也很难在短时间内发生变化。

既然每个人的价值观都是相对稳定的，难道我们只能靠运气，等着与我们三观同频的优秀者主动撞上来？答案是否定的。事实上，我们要与更多优秀的人同行，就一定要积极主动地去结识他们，而不能消极地等待。通常，一个处于消极状态的人很难吸引那些优秀的人，更难以得到他们的青睐。

那么，我们到底应该怎么做，才能让自己的价值观与更多优秀的人同频呢？最好的方法就是对我们的价值观进行拆解。拆解后会发现，价值观虽然具有稳定性，但是并非不可改变。

价值观可以分为原则性价值观和非原则性价值观。一般来说，原则性价值观与事件的性质紧密相关，这种性质涉及客观事实和道德、道义等层面，具有较强的稳定性和绝对性，不会轻易被个人的主观判断所改变。而非原则性价值观则相对灵活，更多地关注事件的结果、利益或个人的适应情况等，往往可以根据具体情境进行权衡、计算和调整，受个人主观因素影响较大。因此，它不仅是可以改变的，而且还是人们在成长过程中必须改变的，比如一个人的格局、眼界、认知等。

不过，由于价值观是被纳入自我概念当中的，已经成为自我身份认知的一部分，因此，要想改变它很难。而要想做出改变，就必须敢于否定自我，然后完成价值观的重建。可以说，人要想不断地自我完善，就不能停止价值观的打破和重建过程。

一次次重建价值观的过程，其实就是与优秀者产生共鸣并实现同频的契机。一般来说，我们的学习和成长不外乎两个途径，一个是向书籍学习，一个是向他人学习。而那些比我们优秀的人，他们的价值观中必定会有值得我们学习的部分。所以，看到他们价值观中积极向上的地方并加以学习，不但有利于我们的自我成长，也有助于我们更好地与他们的价值观保持同频。同时，由于不同的优秀者的非原则性价值观也不尽相同，向尽可能多的人学习，不仅能够使我们与更多的优秀者同频，同时也能让自己博采众长，得以更快速的成长。

我们怎样才能更加直观地看到对方价值观中的那些积极因素呢？下面分享一份价值观清单，以供参考：成就、雄心、关怀、宽容、协作、创造力、好奇心、可靠性、同理心、热情、卓越、公平、友谊、灵活性、自由、慷慨、诚实、领导力、爱学习、开放、韧性、冒险、自控、感恩……记住这份价值观清单，你就更容易与众多优秀的人实现价值观同频，在交流和互动中汲取他们的长处，不断完善自我，从而有效提升自己的成长速度。

要让大家看到你的实力

"当价值观并不相同的时候，人与人交往大部分靠的是实力。"

"人际关系是入场券，而实力则是通行证。"

上述两句话表达的内容不尽相同，但是核心观点却大同小异，那就是实力很重要。

既然实力那么重要，我们该如何强化自己的实力呢？又如何让自己的真实实力被更多人看到呢？

现在先看第一个问题——如何增强自己的实力？这个

问题几乎涵盖了个体成长与成功的所有方面，错综复杂，所以不太容易回答。不过，如果要问如何才能用最具性价比的方法强化自己的实力，那回答起来就简单得多了：找到自己的核心优势，然后专注于这个领域，持续深耕细作。随着时间的推移，自身的核心优势便会不断得到强化，我们在所属领域也将更具竞争力。

世间万物都有自己的特点，也都有自己的核心优势。例如，一把刀的核心优势就是锋利和尖锐，它提升实力的方法就是不断打磨自己，让自己变得更锋利、更尖锐；一把锤子的核心优势就是势大力沉，它提升实力的方法就是让自己变得更有分量、更坚固。同理，每个人因为性格、知识水平、成长经历、兴趣爱好、天赋禀性等方面的不同而具有不同的核心优势，要想提升自己的实力就要先找到自己的核心优势并不断加以强化。

那么，怎样找到自己的核心优势呢？我们可以尝试以下三种方法。

自己寻找

我们可以找个闲暇时间，梳理自己多年来的学习和生活经历，思考自己的兴趣和潜力所在，并分析这些年来自己都是通过什么取得成功的。或许，这样就能够从中发现自己的核心优势。

让别人帮忙找

我们还可以向身边熟悉自己的人真心请教，如同学、同事、朋友、家人等，请他们谈一谈对你能力和核心优势的看法。通常，参与反馈的人越多、与我们的关系越紧密，得到的结果就越全面、客观。当然，他们的反馈有可能更加偏向于你的脾气、秉性和行事风格。

通过复盘寻找

如果你还年轻，就不要太在意成败，要鼓励自己多尝试一些具有挑战性的事情。然后，不管成功还是失败，都要立即进行复盘。一般来说，相较于自己的思考或者别人的反馈，通过复盘得到的结果往往会更加客观一些。

一旦找到了自己的核心优势，接下来要做的就是拿出更多的时间和精力强化自己的优势，而剩下的时间则用来培养其他兴趣爱好。一直以来，人们对于是该多涉足不同领域，还是专注于某个领域，始终存在不同的观点。有些人认为要尽可能多地培养自己的兴趣爱好，爱好越广泛，你能接触到的人就越多；而有些人则认为要把时间和精力集中投入你的核心优势领域，这样才能更好地提升你的实力。

对于这两种观点，你是否也在纠结？其实大可不必。因为这不是一道选择题，而是一道排序题。那么，优先级该怎样安排呢？自然是先专注于优势领域提升自身实力，然后再培养其他的兴趣与爱好。

对于社交来说，仅仅自身有实力还不够，还要让别人看到你的实力才行。具体要怎么做呢？我们可以参考以下两个方法。

毛遂自荐

如何才能更好地见证一个人的实力呢？那就是把他放到问题的漩涡、矛盾的中心。或者说，越是困难的问题、越是激烈的矛盾，就越能彰显一个人的实力。

真正拥有实力的人，通常更应该有主动面对这种考验的信心和勇气。特别是一些身在职场的人，在困难面前要敢于毛遂自荐。成了，自然能够彰显自身的实力；而就算是输了，也能体现自己的担当和魄力。因此，为了让他人看到你的实力，你要大胆地毛遂自荐。

乐于助人

不管是在生活还是工作中，我们都可以在帮助他人解决问题的过程中展现自身实力。

在生活中，当邻里间产生纠纷、亲友遇到困扰时，我们可以凭借沟通技巧、协调能力去化解矛盾；在工作中，当公司陷入困境、同事遭遇挫折时，我们可以运用专业知识、创新思维去解决难题。

在帮助他人的过程中，我们不仅展现出热心善良、乐于助人的良好品质，而且还让他人看到了我们的实力与价值。

总之，要想在社交中进一步展示自己的实力，那就多帮朋友一些忙、多为他人做点事情。不过，在帮忙时一定要谨慎，不可莽撞行事。对于自己没有把握的事情，最好是坦诚告知对方，并建议对方寻找更有实力的人帮忙，以免因能力不足而导致"好心办坏事"，忙没帮成反而被别人埋怨。另外，在帮助他人解决问题时，应尽量发挥自己的核心优势。如此一来，既能高效地帮助对方解决问题，又能巧妙地展示自身实力。

📝 **本章精要**

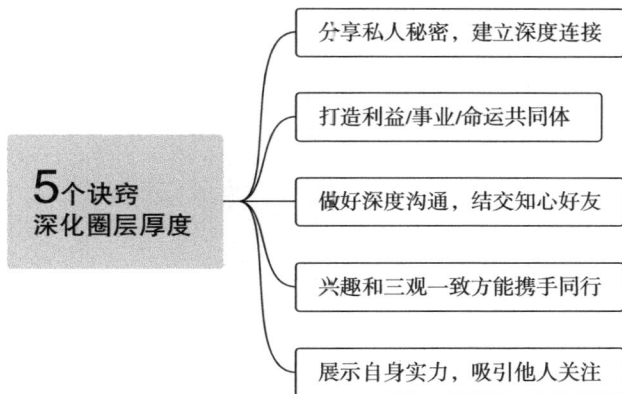

第 4 章

提升社交技能，
让社交无难度

很多人觉得与人交往很难。之所以觉得难，主要原因可能是自身的社交技能差。因此，我们要想轻松地与他人交往，就需要提升自己的社交技能。例如，要学会如何找话题、如何表达自己的想法、知道何时开口及何时闭口等。另外，我们还要学会观察微表情，并掌握基本的社交礼仪等。这样，我们在与人交往时就会事半功倍。

提高表达的能力——四象限说话术

表达是有技巧的，而练好表达技巧、提高表达能力可以让我们的社交之路更加顺畅、广阔。

提高表达能力的关键点有两个：第一，有话说；第二，会说话。假设以"有话说"为横轴、"会说话"为纵轴，我们可以构建一个用于分析表达者类型的表达能力象限模型，所有人都可以被划分到该模型的四个象限中。这四个象限各自的特点如下：

- 有话可说，但是不知道怎么说；

- 既有话可说，又知道怎么说；

- 知道该怎么说，但是感觉无话可说；

- 既无话可说，又不知道怎么说。

我们要想提高自己的表达能力，可以先看自己到底在哪个象限中，然后有针对性地进行练习。如果你觉得自己有话可说，却总是词不达意，那就需要着重加强表达技巧的练习；如果你常常感觉无话可说，即便勉强开口也内容空洞，那就要侧重于积累知识、丰富阅历、拓宽视野，让脑海中有足够的话题；如果你在"有话说"和"会说话"两方面都存在不足，那就双管齐下，同时提升这两项能力；而那些已经在这两方面有一定基础的人可以追求更高的境界，不断提升表达的感染力和影响力。

下面几个小技巧可以有效地帮助我们提升自己的表达能力。

投石问路，通过询问寻找话题

有时候，如果真的不知道说点什么，就不妨问对方一些问题，在一问一答的过程中慢慢寻找话题。

需要注意的是，如果彼此并不熟悉，最好避开那些私密性较强的话题，如年龄、职位、收入等，以免让对方感觉你在"查户口"。当然，也不能问一些与对方毫无关联的问题，那样就可能无法激起对方谈话的兴致。此外，你若接二连三地不停发问，也会让人感觉不太舒服。

所以，比较有效的提问思路就是把眼前场景中的细节与对方关联起来，或者寻找对方身上值得称赞的"闪光点"进行提问。这样既不会侵犯对方的隐私，同时还能跟对方形成良好的互动。

例如，你们约在一个安静的公园里见面，通常来讲，选择这种场所的人大概率偏爱宁静的环境。此时，你不妨这样提问："这个地方太安静惬意了，真好奇你是怎么发现它的？想必你还知道不少类似的地方吧，能分享一下吗？"

再比如，对方身材很苗条，那你就可以这样提问："你的身材是怎样保持的呢？能不能分享一下经验和心得？"

聊一下自己，在熟悉的地方找回自信

很多人之所以不知道说什么，其实是因为缺乏自信，生怕聊天过程中露怯。其实，我们可以从自己最熟悉或者最擅长的话题聊起。例如，说说自己最近的状况或者最擅长的东西，这样我们很快就能找回自信，接下来聊其他话题也就更加轻松、愉快。

如果刚好遇到一个同样不善于聊天的对象，精心准备的问题很可能被对方一句话或者几个字给终结了，再继续提问就有些尴尬。此时，我们可以借着这个问题再聊一下自己的看法，这样一来一往之间，彼此就没那么陌生了。例如下面这段对话：

"你喜欢深秋的天气吗？"

"不太喜欢，太萧瑟了。"

"嗯，秋天是有点萧瑟，不过也有很好玩的地方。我喜欢双脚踩在落叶上的感觉，脚底的触感特别柔软，那沙沙的声音听起来很舒服、很解压。你也可以试试。"

"听着很有意思，那我也试试。"

自嘲一把，主动丢掉思想包袱

很多人不是不会说话，而是太想把话说好，结果就背上了沉重的思想包袱，生怕说错话太丢脸。如果他们不将思想包袱放下，是很难好好与他人说话的。针对这种人，我的建议是反其道而行之——主动露怯。所谓主动露怯，其实就是自嘲一把，卖一个破绽给对方。

例如，坦诚地告诉对方自己很紧张，并告诉他自己紧张的理由。如果是闲聊，对方就能感受到你话里的坦诚，他很有可能会主动帮你缓解尴尬，比如讲讲他自己的糗事等；如果是带有谈判性质的聊天，这种主动示弱可能会让对方放松警惕，从而给自己赢得更多的机会。

当你口才不太好时,你不妨这么说:"我这人嘴笨,很多话都说不好,越是说不好就越紧张,你看我脸上都快冒汗了。一会儿我要是说错了什么,你可不要笑话我。"

其实,这就相当于向对方讨了一张"免死金牌"。所以,说完这样的话后,一般来说紧张感都会得到很大的缓解。不过,要注意的是说这些话时一定要态度诚恳,以免给人故作潇洒或者调侃的感觉。

四个问题,准确表达自己的想法

与人聊天时,有些人总是不知道该怎么清晰而有条理地表达自己的想法。究其原因,可能是因为他没想好该怎么说,也可能是他根本不会说。不过,这都不重要,因为我们可以通过一个"公式"来解决这些问题。这个"公式"很简单,它由四个层层递进的问题组成:是什么?为什么?怎么办?好不好?

第一个问题解决"是什么"。此时,因为刚刚开口,脑子还比较清醒，所以我们要开门见山地把观点说清楚。
开门见山的要求就是简单、准确、直接，所说的话越清
晰、越简单越好。

在解决了第一个问题后，第二个问题就有了标靶。我
们后面要说的话，要全都瞄准"为什么"这个靶子，这样
就可以做到有的放矢，保证我们说话不仅不会离题万里，
而且会变得更有条理。

有时候，在解决第二个问题的过程中，我们会说一堆
虽然正确但没什么用的空话，这样就会让对方觉得我们在
夸夸其谈。为了避免出现这种情况，我们还要解决第三个
问题——"怎么办"。你要让对方明白，怎样才能让你的
观点更具有实用性。

通常，在解决完前三个问题后，我们就有了方案和
路径，这是不是就足够完美了？并不是，因为还没有给对
方参与感。既然是两个人聊天，那么就要让对方也参与进
来，否则岂不成了自己在唱独角戏？所以，我们还要提出

"好不好"这个问题，这样才能让对方参与进来。如此一来，我们想要表达的内容都准确表达出来了，同时也给对方留好了开口的机会，这才算是一次完美的沟通。

一定要学会在适当的时候闭口

张小娴说："说出口的话，像出笼的鸟儿，收不回来。"

海明威说："人用两年时间学会说话，而要用一辈子学会闭嘴。"

塞内加说："知道什么时候说话、什么时候沉默，是一件大事。"

张小娴的意思大概是言多必失，话多不如话少，学会闭口很重要。

海明威想表达的是想让自己闭口很难，比说话可要难多了。

而塞内加则表达了另外一层意思：闭口是一个技术活，说得太多不好，一句话也不说同样不好。学会闭口，就是要在该说话的时候说话，该沉默的时候沉默。

在具备一定的表达能力，能够准确、恰当地向他人传递自己的想法后，我们还有必要学习闭口的智慧。因为倘若不知道何时应该闭口，那么即便掌握了高超的表达技巧，也难以实现有效的沟通。

我们到底应该什么时候闭口呢？闭口的时候又应该干些什么？什么时候应该再开口呢？

我们首先要了解一下为什么要闭口，难道仅仅是因为言多必失吗？对此，《鬼谷子·反应》中是这样诠释的："人言者，动也；己默者，静也。因其言，听其辞。言有不合者，反而求之，其应必出。"

这句话的意思是说，当别人侃侃而谈的时候，是开、动、进攻的态势，这时你若是选择安静地倾听，则是合、静、防守的态势。然而，只要是进攻就会有破绽。因此，我们选择在静默中把注意力都放在观察对方上，这样才能从对方的话语中发现他语言背后的真实想法和言语中的漏洞。一旦发现对方言语中有逻辑漏洞或不合情理的地方，我们就要紧紧抓住并反复追问，直到对方在仓促应对中乱了阵脚，并最终暴露底线为止。

我们从这段话中不难看出，在他人说话的时候，保持沉默与冷静是一个不错的选择。不过，要注意的是，这里的沉默绝对不是简单的不说话，也不是一味地防守，而是带着进攻意识积极主动地进行防守，闭口只是为了集中精神更好地听、更仔细地观察、更加敏捷地思考、更加缜密地分析。嘴巴是闭上了，但是眼睛、耳朵和脑子都要动。或者说，在防守时也要想着怎么掌握主动权，并时刻准备着开口说话，这样才能做到开口即赢。

我们如何才能恰如其分地开口与闭口呢？下面，我们就来聊一聊开口与闭口的那些关键节点。

开口可能会让结果变差时，请选择闭口

在某些场景中，我们一旦开口就可能会对预期结果产生不利影响，此时我们应当选择闭口。例如以下几种场景：

- 当对方情绪激动时；
- 当对方谈兴正浓时；
- 当对方语焉不详时；
- 当自己还没想好怎么说时；
- 当自己情绪激动时；
- 当自我感觉良好时；
- 当矛盾趋于白热化时；
  ……

这样的场景又可大致分为两种：一种是自己处于守势，此时可能自己状态不好或难以控制局面，一旦开口便可能露出破绽，所以一定要管住嘴，以免给对方可乘之机；另一种是自己处于攻势，此时闭口是为了把说话的机会留给对方，然后在对方说话时仔细听，抓住关键信息，找到再次开口的最佳时机。等再次开口时，或许就能一举成功。

多听、多看、多想，闭口只是开始

我们在与人谈话时都想遇到一个好的谈话对象。那么，一个好的谈话对象应该是什么样的呢？这个问题可能没有明确的答案。不过，可以肯定的是那种口若悬河、滔滔不绝的人绝非我们理想的谈话对象。

如果非要给好的谈话对象画像，或许可以参考谈话类节目主持人的样子。一个优秀的主持人在一期谈话类节目中可能说不了几句话，很多时候他都是在安安静静地听。不过，他却能牢牢地把控整场谈话的主动权，让观众可以听到自己想要听的内容。可以说，他的任务不是口若悬河地展现自己的口才有多棒，而是引导对方把观众喜欢听的话题讲透。

为什么出色的主持人能够轻易达到自己想要的目的呢？究其原因，就是因为他们在把嘴巴闭上之后也并没有闲着。例如，他们总是面带微笑地看着对方，这一方面是为了向对方传递善意和鼓励，另一方面是为了观察对方的表情；他们也会时不时地点头赞同，或者眉头轻锁表示疑惑，以向对方表示自己听到了他所说的每一句话；每当对方谈兴渐淡，或者没想好接着说什么时，他们总会及时地加以引导……所有这些都说明他一直在思考，分析对方下一步会怎么做。他们这种寓动于静、以静制动的状态，正是我们在闭口之后该有的样子。

要做到这一点，就需要我们从谈话对象的话语、语气、微表情中感知对方内心的变化，并及时做出应对，从而确保谈话能够朝着自己预期的方向进行。此外，我们还必须耳到、眼到、心到，三者缺一不可。要知道，语言往往具有欺骗性，如果听不出对方的言外之意，猜不透那些不便言说的潜台词，彼此的谈话就很难顺利进行。

开口的几个机会

尽管我们一再强调闭口的重要性，但我们也应该清楚地认识到，闭口的目的是能在恰当的时机更好地开口说话。那么，什么情况下开口才能够收到较好的效果呢？一般而言，在以下场景，我们需要多加留意：

- 一个话题说完，马上就要冷场；

- 正在讨论的话题对你来说很重要，对方却缺少兴致；

- 对方抛出一个"包袱"，却突然停了下来；

- 对方咄咄逼人的话语中出现明显的逻辑漏洞，而他却浑然不觉；

- 对方一时兴起，好像忘记了你们谈话的主题；

- 你心中已经想好了接下来的话题，对方刚好稍作停顿；

  ……

我们对这些场景进行分析后不难发现，开口说话的时机无非两种：要么及时引导，让对方在和谐的氛围中与我们达成一致，或者主动配合我们的节奏；要么一语中的，让对方被迫接受我们的观点，或者在不自觉中跟着我们的节奏走。

例如，在上述几个场景中，一个话题聊完，我们开口是为了暖场，让交谈得以继续进行下去；如果对方对重要的话题不感兴趣，那么我们不妨换一个对方感兴趣的话题，待时机成熟时再迁回到重要话题上；如果对方在抛出"包袱"后出现停顿，通常意味着他有所期待，我们只有让他得偿所愿，后续他才可能会积极回应，与我们产生良性互动；如果对方不知进退、咄咄逼人，那么我们就要直击要害、挫其锐气，然后夺得主动权；如果对方聊得太兴奋以致"离题万里"，我们可以适当顺应对方的兴趣偏离主题，以便让谈话氛围更加轻松愉快，不过我们也要巧妙地把握好度，适时将话题带回正轨；如果对方稍作停顿，我们此时开口不但可以保持谈话的连贯性和流畅性，还可以适时引入新话题，让谈话朝着自己期望的方向发展。

用微表情打开情绪的开关

　　在社交场合，我们一定要管理好表情和情绪。具体地说，既要管理好自己的表情和情绪，也要能通过对方的微表情变化看透他心里的想法与秘密。

　　从情绪管理的角度分析，如果不是真正的微表情管理大师，是很难做到"心有激雷而面似平湖"的。或者说，大多数人只有在情绪不失控的情况下才能管理好自己的微表情。不过，高明的情绪管理者不仅可以管理自己的情绪，而且可以敏锐洞察并巧妙引导他人的情绪。从这个角度来看，情绪管理可以作为实现情绪价值的一种重要方式。

那么，我们在社交时如何更好地应用情绪管理呢？

发现情绪稳定的自己

要想做好情绪管理，有两个关键步骤。

第一步是准确识别自己的情绪类型，判断自己的情绪是否稳定。这并非易事，我们需要投入一些时间并学习一些方法。例如，通过日常观察分析自己在不同情境下的情绪反应，逐步了解自己的情绪特点。这个过程可能用时很久，我们需要靠强大的毅力坚持下去，不能半途而废。

第二步是培养控制情绪的能力。就像我们在锻炼肌肉时可以通过反复练习强化肌肉并形成"肌肉记忆"一样，我们也可以通过特定的情绪管理训练强化情绪管理能力。这种"记忆"一旦形成，我们也就有了较强的情绪控制能力。

有哪些方法有利于我们观察自己的情绪并使其稳定

呢？其实，方法就是两种认知和一个练习。下面，我们先看两种认知——主客观认知和辩证思维。

所谓主客观认知，就是把对方说的话和客观现实进行分离。与人交往时，我们为什么会因为对方的言行而变得情绪不稳定呢？究其原因，是因为很多时候我们总是把对方说的话和客观现实相混淆，结果各种负面情绪便油然而生。所以，我们就要学会用主客观认知对两者进行区分。要知道，对方所说的不过是他的主观观点，可能与客观事实毫无关联。

要做到这一点，我们需要具有旁观者思维，也就是要学会从双方的关系中跳出来，然后站在旁观者的角度重新审视自己和对方之间的沟通和互动，这样就有助于我们更加客观地认识这一切。当我们能做到这一点时，原本那些斤斤计较的事情就变得不那么重要了，我们也有了更好的包容性。当我们学会了包容时，我们的情绪就会变得相对稳定。

所谓的辩证思维，就是一种以不同视角观察和分析事物，能够看到事物的双面性的科学思维方式。利用辩证思维，我们可以换一个角度看待那些让我们心生不快的事情。例如，它可以使我们警醒，及时发现自身的问题与不足；它可以使我们发现对方的弱点，在人际交往中更加游刃有余；它还可以帮助我们判断自己在他人心中的印象，从而有针对性地调整和提升自我。当我们意识到它的价值时，便可以"闻过则喜"，而那些不愉快的情绪自然也就随之消散了。

最后一个练习有利于我们平复情绪，不至于情绪失控。这个练习的关键就是"停"和"慢"两个字。当自己快要控制不住情绪时，可以先停下来，或者暂时转移注意力，并趁机做几次深呼吸。当呼吸节奏慢下来时，情绪也就随之平复。就像托马斯·杰斐逊说的那样："生气的时候，开口前先数到十，如果非常愤怒，先数到一百。"等情绪平复之后，我们可以再找时机继续讨论刚才的话题。不过，再开口说话时一定要尽量慢一些，以保持情绪的平稳。

开始时，我们可以用这种方法应急。经过反复练习使其形成一种"记忆"之后，我们再有什么情绪就可以本能地平复了。这样，我们就有了控制情绪的能力。对此，拿破仑是这样说的："能控制好自己情绪的人，比能拿下一座城池的将军更伟大。"

调动对方情绪是比讲理更好用的沟通方法

要想发挥情绪的最大价值，我们不仅要学会掌控自己的情绪，而且要设法了解、调动他人的情绪。

调动他人的情绪到底有什么价值呢？我们可以先看下面这些例子。

- 在分配工作任务时，"请将不如激将"，一旦激起了对方的胜负欲，他会做很多平时想都不敢想的事；
- 一个平时非常冷漠甚至有些硬心肠的人，一旦让他产生愧疚心理，他也会变得非常"温暖"；
- 对于那些非常在意服务的顾客，销售人员只要提供良好的购物体验，便可以让他流连忘返；

- 面对"叛逆期"的孩子，如果严格管教，只会令他更加逆反，而高明的教育者可能只需要稍加表扬或鼓励，就能让孩子主动地做一些事情；

……

我们可以毫不夸张地说，那些社交高手足以通过调动对方情绪来改变其行为。通常，人有喜、怒、哀、乐、悲、恐、惊等情绪，这些情绪都可以被调动。要想更好地调动这些情绪，我们就需要尽可能多地了解对方，比如对方喜欢什么、讨厌什么、向往什么、恐惧什么、欣赏什么、最在意什么、最不能包容什么等。因为这些都是隐藏在对方身上的情绪"按钮"，你掌握的"按钮"越多，就越容易调动对方的情绪。需要注意的是，每一个情绪"按钮"都有正反两种不同的运用方式。例如，针对对方最在意的事物，如果给予其得到的希望，便能让其喜出望外；如果暗示其会失去，便能引发其焦虑情绪。

有些话不要说出来，让对方自己发现真相

或许很多人认为，具有非凡情绪管理能力的人永远都是一副自信、优雅、波澜不惊的样子。其实，真正可以控制自己情绪的人不是没有情绪上的波动，而是能在情绪控制方面收发自如，该藏的时候藏，该露的时候露。

例如，如果对方拜托你做的某件事情让你很为难，与其将这种为难的情绪藏起来，还不如让对方知道；或者某个人的离开让你心里很难过，就没必要将难过的情绪隐藏起来，甚至假装完全不在乎。

微表情会在不经意间展露一个人的真实情绪，这种情绪很容易被对方发现。最重要的是，用微表情表达情绪比用直白的语言表达效果要好很多。之所以如此，是因为人们更愿意相信自己亲眼看到的东西，他们往往对从微表情里捕捉到的情绪坚信不疑。

微表情就像情绪的一个通道，或者说更像一扇门。我

们要做的就是既能敲开别人的门，洞察其情绪变化；又能守护好自己的门，不让内心情绪轻易泄露；同时还能在恰当的时候打开自己的那扇门，与他人真诚交流。

换言之，就是当你需要调动别人的情绪时，要能通过微表情表达你希望对方捕捉到的信息。通过这种方式实现与他人情绪的有效互动，从而成功调动对方的情绪，让彼此的交流更加顺畅和深入。

学会与不同性格、不同背景的人沟通

俗话说："物以类聚，人以群分。"这句蕴含处世智慧的话告诉了我们一个道理：我们都喜欢与同类人打交道，而且很容易与他们成为好朋友。这也是圈层得以形成且难以被打破的原因之一。我们想要与更多优秀者同行，就必须突破自身所在的圈层。

要注意的是，这里所说的"破圈"并不一定是与所有的人都成为好朋友，而是要学会如何跟他们打交道。具体地说，就是要能够与不同性格、不同背景的人进行沟通。

既然我们要学会与不同性格的人打交道，那就要先盘点我们会遇到哪些不同性格的人，同时了解不同性格的人的喜好和禁忌。

把握好边界感，敏感的人最怕开玩笑

敏感的人有一个典型特征，就是爱多想。他们特别在意他人的评价，并会因此而陷入内耗。所以，与这种性格类型的人打交道时，一定要注意不要过多打听与他个人隐私有关的事情，更不要轻易地评价他。

如果你们比较熟悉，你倒可以多谈自己的事情，因为这种类型的人具有出色的情绪感知能力，很容易与他人产生共情，是很不错的倾听者；如果你们之间的关系没有那么熟，那么在聊天时就尽量只说正事，少聊或不聊私事。

总之，与这种性格的人沟通时一定要把握好边界感，免得他们想法太多。

不可辜负对方的信任

依赖型性格的人的特点就是很容易相信他人，不爱竞争，容易顺从他人的要求，对所依赖的人有很强的依恋感。因为过度依赖他人，可能导致他们在人际关系中失去平衡，容易受到他人的影响和控制。

不过，这样的人对周围情况有敏锐的感知力，善于观察他人的情感表达；他们很关心他人的感受，更愿意主动了解他人的需要和想法，以便更好地帮助他人。

这类人将信任交付给你，是把你当作心灵的依靠。一旦信任被辜负，他们心中会充满失望与痛苦，安全感瞬间崩塌。所以，与依赖型性格的人相处，千万不要辜负他的信任，以免让你们之间的关系产生难以修复的裂痕。

在踏实的人面前切忌夸夸其谈

有这么一类人，他们无论做什么事都脚踏实地，在面对困难和挫折时有较强的耐心和坚韧不拔的精神，对自己的工作、家庭和人际关系等都有强烈的责任感。在职场中，这种性格类型的人应该是最受欢迎的。通常，这种性格的人的心理承受能力强，处事平和。最重要的是他们在逆境中能保持乐观，在顺境中也能保持清醒。

与这样的人相处，看起来好像没有什么需要注意的地方。但事实上，越是踏实肯干的人，就越忌讳夸夸其谈、好高骛远。所以，在这样的人面前，一定要尊重客观事实，做事踏踏实实。

跟爱"作"的人保持安全距离

爱"作"的人，其实指的就是任性型性格的人。这类人的情绪极不稳定，容易受到外界因素的影响而喜怒无常。例如，你不知道他们为什么突然开心，也不知道他们为什么又突然不开心。

他们往往只考虑自己的感受和需求，很少顾及他人的想法和利益。例如，他们会在公众场合让最亲近的人难堪，也会不惜让自己受伤来博取他人的同情。

与这样的人相处，需要保持一定的距离。这样既可以让自己停留在安全的位置上，又可以给予对方适当的空间。

倾听和共情，让他不再焦虑

与忧虑型性格的人打交道时，你听到最多的可能就是"我还是有点担心"。这样的人总是会表现出担心、焦虑的情绪，无论面对多么积极的事情，他们也会有消极的情绪。由于很少有人能够理解他们的不安和担心，所以有的时候他们就会因此变得焦躁和抑郁。

与忧虑型性格的人相处，最好是学会倾听和共情。倾听是一种无声的支持，能让对方感受到我们对他们的尊重和关心，有助于双方建立良好的信任关系；共情能使我们设身处地地理解他们的感受，给予他们情感上的支持和鼓励，让他们觉得自己并不孤单。

谦逊应对自信和果断的人

自信型性格的人对自己的能力、价值和独特性有坚定的信心，毫不怀疑自己在各个方面的优势，相信自己有能力应对生活中的各种挑战和问题。这种发自内心的自我肯定，让他们看起来总是那么积极与上进。当然，自信型性格的人在行事上也比其他人更加果断。他们知道自己想要什么，也知道如何实现自己的目标，不会轻易受到外界的干扰和影响。正因如此，这样的人会更加相信自己的判断，不太能够听取他人的意见。

所以，与这样的人相处，切忌在观点上与他们针锋相对。如果不得不这样做，也要讲究一些方式与方法，如以退为进、欲扬先抑等。

总之，与不同性格的人交往，一定要注意他们的忌讳和喜好，并根据其性格特点采用不同的交往方式。而要想更好地"破圈"，我们还要学会跟不同背景的人打交道。怎么才能跟不同背景的人打交道呢？

其实，最好的方法就是与他们培养共同的兴趣爱好。通常，兴趣爱好是不受圈层和背景限制的。在兴趣爱好的交流圈中，大家不会在意彼此的出身与地位高低，即使是那些在社会上地位颇高的人，一旦遇到在特定领域技艺超群的同好，也会由衷地表示钦佩和赞赏。随着时间推移和交流增多，双方往往能结下深厚的友谊，变成志同道合的好友。例如，对于球迷来说，不管你来自哪里，也不管你的职业或者背景是什么，只要你球技好、人品好，那就是大家眼里的"球星"，也是大家乐于交往的对象。

此外，要想与不同背景的人打交道，还要力争成为一名"知道主义者"。通常，一个合格的"知道主义者"会广泛地涉猎多个领域。他们会利用一切可以利用的时间，让自己成为一个知识方面的"杂家"。由于时间和精力有限，他们所掌握的这些知识的深度可能仅仅停留在知道与了解的层面。不过，拥有这样的知识水平就已经足以用来"破圈"了。

学会基本社交礼仪，
培养良好处世风范

在所有的社交活动中，人人都希望被重视，希望能够感受到对方的亲善和尊重。所以，让交往对象体会到你的亲善和友好，就成了不可或缺的社交技能。

想要具备这种技能，就需要学习一些社交礼仪。下面，我们就简要地梳理和介绍一下与人交往时需要注意的基本礼仪。

着装礼仪

通常，社交场合可以大致分为三种：一种是朋友间的小聚，一种是带有商务属性的工作场合，一种是比较正式的宴会场合。由于各个场合对着装有不同的要求，因此我们要根据场合的不同选择合适的着装。

如果是朋友间的小聚，可以根据自己的喜好随意进行搭配，选择日常着装即可。

如果是带有商务属性的工作场合，男士可以选择西装或商务休闲服装，女士可以选择西装套裙。要注意的是，衣服的色彩不要过于鲜艳，配色不能过于杂乱，同时款式应大方得体，不要过于暴露或过于短小。

如果是比较正式的宴会场合，一般选择穿礼服。除了挑选合适的礼服，还应注意鞋包和饰品的搭配，这些细节往往决定了整体着装效果的好坏。

对于女士来讲，还应根据场合的不同选择合适的妆容。在朋友聚会这种轻松自在的场合，妆容可以偏向自然清新，着重展现青春与活力；而在商务洽谈这类较为正式的工作场合，妆容需要突出专业干练，彰显自信与沉稳；当参加正式的晚宴时，则可以打造更具魅力和气场的妆容，展现优雅高贵的气质。

名片礼仪

在社交场合互相交换名片是一件司空见惯的事情。不过，要想做好这件事并不容易。很多人在与他人交换名片时，总是会犯这样那样的错误。例如，有的人递出来的名片皱皱巴巴的，有的人只伸出一只手去接对方递出的名片，有的人接过名片后就顺手装进裤兜里……其实，这些行为都是很不礼貌的。那么，如何与人交换名片才显得比较有礼貌呢？

第一，养成随身携带名片的习惯，而且要放在相对固定的位置，比如放在上衣的口袋里。如果有随身携带手包的习惯，最好将名片放在手包中。

第二，每次参加社交活动前都要检查一下名片，既要保证名片的数量足够，又要保证所有的名片都没有污损或者折痕。

第三，把名片递给对方时一定要站起来，同时用双手的大拇指和食指握住名片，并让名片的正面朝上。

第四，接别人递过来的名片时，一定要起身并伸出双手去接，要用双手的大拇指和食指握住名片的两个角，同时向对方点头示意并道谢。

第五，接过对方的名片后，千万不要随手放在一边或者直接揣进兜里，而是要当着对方的面把名片上的内容仔细看一遍，以表示对对方的重视。

第六，注意递名片的顺序。一般是晚辈先向长辈、下级先向上级、男士先向女士递出名片；如果是拜访他人，则拜访的一方要先递名片给对方；如果想要别人的名片，应该先把自己的名片递过去，然后再向对方索要名片。

握手的礼仪

在社交场合，如果需要跟他人握手，一定要注意礼仪问题。

第一，握手顺序。男女之间，一般由女方先伸手；长幼之间，长辈先伸手；上下级之间，上级先伸手；宾主之间，主人宜主动伸手；如果对方不止一人，应先将握手对象确定为职务高者或年龄长者；如果分不清职务高低、年龄大小，宜先和自己左侧的人握手，然后按顺时针依次握手。

第二，握手姿势。如果没有特殊情况，一般要用右手跟对方握手；保持适当距离，不要相隔很远就伸直手臂，也不要距离对方太近；上身稍向前倾，以示尊重和礼貌；双方伸出的手一握即可，不要相互攥着不放，握手的力量要适当；与女士握手，不要满手掌相触，轻握手指部位即可；与老人、贵宾、上级握手时，为表示尊敬，可用双手迎握。

第三，握手禁忌。不要戴着手套或墨镜握手；握手时另一只手不要插在衣袋里或拿着东西；应按一定的顺序依次握手，切记不可交叉握手；不要轻易拒绝他人伸出来的手，如果是因为手脏或者其他原因无法与对方握手，一定要先诚恳致歉，然后解释原因。

介绍的礼仪

在社交场合，介绍是必不可少的一个环节。通常，介绍分为自我介绍、他人介绍和集体介绍。

在进行自我介绍时，一定要身体站直，面带微笑，目光柔和地注视着对方的眼睛。同时，还要注意介绍的音调与语速等，如音调和缓、语速适中、吐字清晰。

他人介绍就是把两个不认识的人互相介绍给对方，在介绍之前一定要征得双方的同意，以免太过唐突。在介绍时，一般遵循"尊者优先了解情况"的原则，也就是把男士介绍给女士，把晚辈介绍给长辈，把职务低者介绍给职务高者，把客人介绍给主人，把后来者介绍给先到者。

如果是把一群人介绍给另一个人或一群人，那就是集体介绍了。集体介绍也要讲究顺序问题，同样遵循以上原则，比如先把拜访一方的人按照顺序介绍给主人一方，再把主人一方的人按照顺序介绍给客人一方。

如果没有主客之分，那就按照双方在合作中所掌握主动权的大小或者结识对方意愿的强烈程度排序。先把主动权较小的一方介绍给主动权较大的一方，或者先把结识意愿较强的一方介绍给结识意愿较弱的一方。

在介绍时，一定要注意不能遗漏关键信息，如姓名、职位（或者所从事的行业）、优点（或者取得的成就）等。同时，不要忘记在介绍时强调双方的共同之处，或者有可能合作的地方。

宴席礼仪

在社交过程中，我们难免需要参加一些宴席。在参加宴席时，我们一定要注意礼仪。宴席礼仪主要包括座次礼仪和酒水礼仪。

座次礼仪讲究以远为上、面门为上、居中为上、靠墙为上、景观为上。一般来说，面朝大门居中的位置为主位，主人一方通常坐在主位的左手边，客人一方坐在主位的右手边。在商务宴请中，主陪一般坐在这个主位上，主宾则坐在主陪的右手边，副宾坐在主陪的左手边，其余人员依次就座。需要注意的是，越靠近主位的位次就越高。有时候，为了表示彼此之间的亲近之情，主宾双方也可以渐次交错而坐，使双方人员能够更好地交流和互动。

酒水礼仪主要包括斟酒礼仪、敬酒礼仪、饮酒礼仪等。在斟酒时，一般从位高者开始，然后顺时针斟酒；如果有主人和主宾，可先为主宾斟酒，再为主人斟酒，然后按顺时针方向依次为其他宾客斟酒。在敬酒时，一般情况下应按照年龄大小、职位高低、宾主身份的顺序，先敬长辈、领导、主宾等；如果分不清职位、身份高低，可先从自己身边开始，然后按顺时针方向敬酒。在饮酒时，要注意言谈举止，不要大声喧哗、吵闹，不要说不适当的话；如果需要与人交谈，应先将口中的酒咽下，避免喷溅或说话含糊不清。

线上的社交礼仪，数字时代的社交素养

润米咨询创始人刘润曾经说过："在微信上，很多人都对我说过，最反感'你好，在吗'这样的开场。"

这种司空见惯的礼貌性问候，为什么会让那么多人反感呢？

对此，有人曾做出这样的解释：线上沟通软件之所以那么受欢迎，除了即时、方便，它还有一个很重要的优点，那就是自带缓冲功能。具体地说，当收到对方发过来的消息时，如果不方便即时回复或者干脆不想回复，就可以选择"已读不回"，这就是一种缓冲。其实，那些即时回复信息的人并不是时间多么充裕，而是他更加尊重对方的时间；那些没有即时回复的人也不见得当时有多忙，更有可能是当时不方便回复，或者没想好要怎么回复；至于那些不回复的人并不是忙得连看一眼手机的时间都没有，而是单纯地不想回复。这时你如果再追着对方问"在吗"，就显得有些不知分寸了，会让对方觉得很不礼貌。

其实，除了"你好，在吗"之外，线上社交时还有很多行为会让人感觉不舒服。网络上曾经有一个名为"最反感的微信好友行为"的热搜话题，排在前三名的分别是爱发长语音、频繁求点赞、定期清理好友。这些行为之所以那么令人反感，就是因为它们都属于只考虑自己，却把麻烦留给别人的自私行径。

想象一下这样的场景：一个人拿起手机，一会儿的工夫就在微信上给对方发送了一二十条语音信息，发完还感叹真方便。发语音的人是方便了，听语音的人却麻烦了。如果对方正在上班、开会，或者身处商场、地铁等嘈杂的环境中，就不方便听这些语音信息。而且，听语音信息不像看文字信息那样可以随时暂停、后退，有一点听不清的地方就要重新听一遍。虽然现在有语音转文字的功能，但如果发信息的人的普通话或发音不那么标准，转出来一堆不通顺、不合逻辑的文字反而更令人难受。退一步讲，即使对方现在刚好有时间，可是满屏幕的语音信息也会让对方头疼不已。等把所有语音信息听完，想要回复时却往往已经不知道从何说起了。

求点赞和群发短信清理好友也大致如此，都会给对方造成一些麻烦。

有些人平时跟你没任何交流，只要一聊天，就是让你给他的朋友圈点赞，或者给他的亲戚朋友投票。你出于礼貌去点赞或投票，结果对方又说："记得几号之前每天都帮忙点赞（投票）啊！"对很多人来说，顺手帮点小忙无可厚非，但这种不知道适可而止的行为只会逐渐消耗掉大家的善意与耐心。

"这是一条确认信息，检测我是否还在你的好友列表里。收到的小伙伴们，打扰了。"这种让人觉得不舒适的话，估计很多人都收到过。有些人喜欢隔段时间就群发一段类似的文字，看自己有没有被好友删除。其实，删除你的人并不会收到信息，你做什么对他们都毫无影响；而没删你的那些人却被你反复骚扰了多遍，说不定他们哪一天不胜其烦也把你删除了。

如今，很多人的微信已不只是单纯的联络亲朋好友的工具，里面还添加了众多合作伙伴、业务联系人等，变成了一个线上社交平台。不管是发布朋友圈动态，还是与好友线上聊天，本质上都是在进行人际交往。而人际交往所遵循的规则和礼仪在线上场景中同样适用。倘若不注重这些基本的社交礼仪，也不规避那些大众普遍反感的行为，便极有可能给人留下不礼貌的负面印象，严重的甚至会被对方拉黑或屏蔽。为此，我们对那些令人不快甚至极度反感的行为做了盘点，希望大家可以引以为戒。

第一，有事找对方时，直接开门见山地说事情，千万不要问"在吗"。这样的开场白会给对方很大压力，因为他不知道你找他做什么事，也不知道你找他做的事情他是否愿意做。

第二，只要发过去的消息对方没回复，就表明对方是在冷处理。冷处理其实就是一种态度，此时千万不要再追问了。

第三，不要轻易发语音信息给对方，尤其是发多条长达一分钟的语音。这不仅不礼貌，而且会让人很反感。

第四，不要轻易发消息要求对方帮忙点赞，或者要求对方帮忙投票，这对社交资源是一种极大的消耗。

第五，与不是很熟悉的（特别是有年龄差的）朋友交流时，要慎用微信表情。因为不同背景、不同年龄段的人对各种微信表情有着截然不同的理解，一不小心就会造成误会。

第六，不要不打招呼就直接发送语音通话请求，更不要发送视频通话请求，除非双方已经约好。不然，就会让对方有被冒犯的感觉。

第七，不要群发定期清理好友的消息。群发消息给人一种敷衍和不重视的感觉，让人觉得自己只是众多群发对象中的一个，而不是被当作真正有价值的朋友，从而伤害对方的感情。

📝 本章精要

```
                          ┌─────────────────────────┐
                          │ 用四象限说话术提高表达能力  │
                          └─────────────────────────┘
                          ┌─────────────────────────┐
                          │ 学会倾听，适时闭口         │
                          └─────────────────────────┘
┌──────────────┐          ┌─────────────────────────┐
│  6 个细节      │          │ 读懂微表情，控制好情绪     │
│  提升社交技能   │──────────└─────────────────────────┘
└──────────────┘          ┌─────────────────────────┐
                          │ 学会与不同类型的人沟通      │
                          └─────────────────────────┘
                          ┌─────────────────────────┐
                          │ 掌握社交礼仪，展示个人素养  │
                          └─────────────────────────┘
                          ┌─────────────────────────┐
                          │ 重视线上礼仪，稳固社交资源  │
                          └─────────────────────────┘
```

第 5 章

每天自我更新成长，拔高自己的能量场

要想在社交场合如鱼得水，甚至要风得风、要雨得雨，我们就需要不断地提升自己的能力，同时还要懂得反思、心怀感恩，学会宽以待人，建立自尊、自信，并培养良好的同理心。这样才能获得他人的认可与欣赏，人际关系才能越来越好。

学会不断反思，迭代快人一步

　　反思是每个人都必须具备的一种能力。善于反思，才能深刻认识自我，发现并解决自身存在的问题，进而加快成长速度。同时，通过反思能更好地实现自我精神的更新和迭代，让人更具智慧。因此，在与人交往时，善于反思的人总是能够获得更多优秀者的青睐。

　　法国思想家、哲学家卢梭曾说过："反思是治疗自己的最佳药方，是摆脱负面情绪和错误想法的唯一途径。"

　　对于任何人来说，反思都很重要。那么，到底什么是反思呢？

其实，反思是一种深度思考和自我审视的能力。具体地说，反思就是每做完一件事以后，把这件事情重新思考一遍；或者每隔一段时间就对这段时间内发生的事情和自己的言行进行反省。从这个角度看，反思就是自我反省。

很多人都懂得反思的重要性，但是真正从中获益的人却不多。之所以如此，是因为大部分人要么不知道从哪里着手开始反思，要么在尚未掌握要领时就仓促行动，这样自然没办法通过反思解决问题并获得成长。

我们可以通过记录反思档案、进行反思问答训练等方式，循序渐进地提升自己的反思能力。

反思档案

所谓反思档案，就是定期把值得反思的事件和行为记录下来，最好是每天都做记录，并使其形成习惯。记录反思档案时，要注意以下几个要点。

第一，反思档案应该有清晰的分类，如根据事件、行为或情绪等进行分类。

第二，记录反思档案时一定要记好各个要素，如时间、地点、环境、人物、缘由、经过、结果等。

第三，记录反思档案时要有明确的反思目标，这样你的反思才能有的放矢。

第四，要明确反思的目的，并且在档案中准确无误地标记出来。

很多时候，事情发生之际，身边环境嘈杂不适合进行反思。等到终于可以反思时，却已经忘记诸多细节，甚至连事情的来龙去脉都记不清了。这种情况下，反思就只能沦为空谈。因此，要想更好地反思，一定要认真地记录反思档案。

反思问答训练

反思问答训练与 5why 法、5so 法大体一致，它的主要作用是延长思维逻辑链，增加思考的深度。而深度思考的能力恰恰是实现高效反思的核心要素。可以说，如果不能对某个问题进行深入思考，我们做再多的反思也只会停留在表面，难以触及问题的实质。所以，要想更好地进行反思，一定要有以反思对象为原点，向前追溯原因、向后推导结果的能力。要想掌握这种能力，平时就要多做训练，而且训练时多问几个"为什么"和"会怎样"。

做好反思档案记录和反思问答训练这两项准备工作后，我们就可以循序渐进地进行高效反思了。在反思时，我们还要注意以下几点。

第一，人、物要两静。因为反思时要进行深度思考，所以必须在清静和相对舒适的环境下进行，同时要保持自身的情绪稳定，这样才能更好地捕捉到内心的感受。

第二，要按照反思档案的记录明确反思的对象和目标。通常，反思对象决定了我们的思考从哪里开始，反思目标则决定了我们的思考朝哪个方向进行、到哪里结束。

第三，以反思对象为原点，利用 5why 法和 5so 法进行前后两个方向的思考。向前要找到深层次的原因与改进的方案，向后要推导出将来可能出现的结果。需要注意的是，不要只在大脑中进行思考，一定要记录反思结果和改进方案。

第四，记录好反思结果和改进方案，标志着深度思考的结束，但并不代表反思活动的结束。我们还需要把反思的结果运用于新的实践中，并记录下日后的改变。这也是高效反思的一个重要环节。

学会感恩，打破冷漠壁障

人们在社交过程中或多或少都会遇到一些障碍，其中最常见的无非就是冷漠和猜忌。冷漠和猜忌是如何出现的？其实，它们源于人性中的不确定性。因为即使一个人全心全意地为他人付出，也无法确定将来会得到何种回应。

如果对方是懂得感恩的人，那么他将来自然会投桃报李。然而，遗憾的是并非每次付出都能收获感恩。很多人一旦摆脱自身困境，就会把当初帮助过自己的人都抛诸脑后。当这些恩人有事找他们帮忙时，双方的关系已形同陌路，甚至有些人还会恩将仇报。正因为这类事情频繁发生，那些热心人逐渐寒心，对陌生人充满猜忌，态度也变得冷漠。

在这样的背景下，懂得感恩就成了人际交往中极具吸引力的特质。

著名企业家曹德旺先生在他的自传《心若菩提》中记载了这样一桩旧事。二十多年前，福耀玻璃有一个采购员从供货商手里拿了 4 万元的回扣。曹德旺知道后大发雷霆，立刻开除了这名员工。同时受到处分的还有公司的采购经理黄中胜，他因为用人失察而被曹德旺撤职。在黄中胜受到处分这件事上，不少人觉得曹德旺的做法太过严苛，因此私下里都在替他抱不平。这也让对手公司看到了机会。于是，在黄中胜被撤职后，多家公司向他抛出了橄榄枝，欢迎他到公司任职，并提供了年薪 30 万元的优厚薪资待遇，有的公司甚至开出了 50 万元年薪的诱人条件。而黄中胜在福耀玻璃的子公司担任采购经理时，年薪才不过 12 万元。

一边是撤职降薪的委屈，一边是升职涨薪的诱惑，但黄中胜却毫不犹豫地拒绝了对方的邀请。对于他的这种举动，很多人都不理解。就连曹德旺都觉得很奇怪，他就找到黄中胜，想要了解其中的原委。

黄中胜说了这样一番话："我儿子出生时患有脑瘫，需要去福州治疗，但是我在福州没有住所。您知道这个情况后，主动提出让我妻子和儿子住在您福州的家里。我觉得，就算是亲戚朋友也未必能伸出这样的援手。您是一个善良的人，在这样的公司，我有归属感。"

曹德旺先生讲的这个故事之所以被人津津乐道，是因为在现代社会，懂得感恩这种品质弥足珍贵。

为什么有些人不懂得感恩呢？是因为真的不懂知恩图报的道理吗？当然不是。正所谓"羔羊跪乳，乌鸦反哺"，这么浅显的道理应该没有人不懂，他们只不过是以为这样做会吃亏而不愿付诸行动。

很多人认为不懂得感恩就是在道德方面存在瑕疵，应该受到批评和谴责。其实，批评和谴责并不会让情况变得更好，甚至还会变得更差。

既然批评和谴责不能让情况变好，我们不妨换一个角度看待这个问题。例如，挖掘感恩背后潜藏的驱动力。因为对于某些人来说，利益驱动要比道德驱动更加高效。

为了做到这一点，我们需要先明确两个事实：其一，能够施恩于你的人，其能力、处境和地位多半要比你好；其二，肯向你施恩的人，多半是善良又热情的人。

如果我们能将眼光稍微放得长远一些，就不难明白，对于那些向陌生人施以援手的人，若你能积极回应他们的善良和热情，往往会收获意想不到的回报。请记住，感恩能够拓展人的思维，让我们在面对问题时能从更广阔的视角想出更具创造性的解决方案与替代办法。

此外，感恩还能让我们更有同情心，更愿意主动帮助他人。懂得感恩的人在助人时不会只想着互换互惠或者一报还一报，而是会积极尝试以各种方式帮助人。

总之，感恩对拓展思维、培养品德大有裨益，所以我们一定要学会感恩。

学会放下和原谅，把所有对手都变成朋友

南非前总统纳尔逊·曼德拉曾被人赞誉"用宽容征服世界"，作为诺贝尔和平奖获得者，他所具有的最卓越的品质就是宽容。

曼德拉因为积极投身反种族隔离运动，被南非政府以"企图以暴力推翻政府"的罪名判处终身监禁。后来，在国际社会的强大压力和南非国内反种族隔离运动的持续冲击下，1990 年 2 月 11 日，被关在监狱里长达 27 年的曼德拉终于出狱。在他走出监狱大门的那一刻，外界猜测一场复仇的腥风血雨即将袭来。事实上，那些支持他的组织也早已为此做好了准备。不过，这场随时都可能爆发的血

腥战争却因为曼德拉的一句话而烟消云散："现在不是要
把白人赶入大海，而是把你们的武器扔进大海。"

他的这种宽容让一些人感觉难以理解，有人问他出狱
的那一天心里到底在想什么。曼德拉是这样回答的："当
我走出囚室、迈过通往自由的监狱大门时，我已经清楚，
自己若不能把悲痛和怨恨留在身后，那么，我其实仍在
狱中。"

他的这份宽容不仅化解了一触即发的战争危机，而且
使他获得了社会各界的广泛支持，甚至包括以前的那些反
对者。后来，他能够在南非首次没有种族之分的选举中当
选为第一任黑人总统，就是因为他在"用宽容征服世界"。

很多成功人士都具有宽容的智慧。在他们看来，不
管是自身犯的错误，还是别人对自己犯的错误，都要选择
放下和宽容。这既不是妥协，更不是软弱，而是内心力量
足够强大的自信表现。对此，艾萨克·斯特恩是这样表述
的："只有勇敢的人才懂得如何宽容。懦夫绝不会宽容，

这不是他的本性。"

事实也的确如此，只要我们身怀宽容的心态，就会让自己的人际交往出现意想不到的变化。宽容在改善人际关系方面的作用超出了很多人的想象。荷兰哲学家斯宾诺莎曾经说过："人心不是靠武力征服的，而是靠爱和宽容大度征服的。"中国台湾作家罗兰也说："宽恕可以交友，当你能以豁达光明的心去宽恕别人的错误时，你的朋友自然就多了。"

那么，我们如何做才能让自己更从容地原谅和宽容他人呢？下面的四步法可以作为参考。

如实观照

如实观照是指以真实、客观的方式观察和认识事物，这是进行宽恕训练的第一步。这样做的目的就是让我们尽量用客观的态度审视自己心中的那些执念或难以释怀之事。做这个训练时有以下两个要求。

第一，不要在情绪激动时开始训练，因为没有人能够在激动的情绪下保持足够的客观。

第二，要学会从旁观者的视角看待这一切，这样做的目的同样是为了让观点更为客观。

换位思考

如果已经足够理智和客观，但对方的言行还是让你感觉很难过，那就可以进入第二步：设想自己站在对方的位置上会有什么样的反应，那些伤害你的言行背后又有怎样的成因。

此时需要注意的是，要想真正站在对方立场上思考，最好把行为习惯也替换成对方的。毕竟，不同眼界、地位、性格的人，做事的方式是不一样的。例如，那些比我们优秀的人往往眼界更开阔，格局更大，看待事情更加深刻，考虑问题也更加全面。因此，如果不能转换思维方式，仅靠互换位置是很难找出问题的真正根源的。

摘掉标签

很多时候，我们之所以放不下一些人或事，并不是因为这些人或事给我们带来的创伤没有平复，而是因为我们给这些人或事贴上了某个负面的标签。最致命的是这个标签看似贴在了对方身上，实则贴在了我们心里。贴在心里的标签一旦变成了执念和偏见，往往需要付出很大的代价才能消除。所以，摘掉他人身上的标签至关重要。

怎样才能摘掉他人身上的标签呢？答案是具体化。很多事情都是这样，只要对它进行具体分析，问题往往就迎刃而解。例如，某人因怀疑我们影射他而反唇相讥，我们不应简单地给他贴上"尖酸刻薄"的标签，而是客观地描述为"他因为怀疑我影射他，没有冷静思考就反唇相讥，这种行为有些莽撞"。倘若确定是他的错，那就详细且具体地描述错误行为，若还能点明他这么做的原因，那就更完美了。如此一来，我们就能以更理性、客观的视角看待他人，避免因片面的标签而产生不必要的误解与隔阂。

将心比心

最后一步，想想那些曾经原谅过我们的人。毕竟，这个世界上没有从来不犯错误的人，或者说，我们都有被原谅的经历。所以，在放不下某些人或事时，就想想自己曾经给对方造成的伤害，想想被对方原谅时的感觉。如此一来，就可能觉得原谅对方也没有想象的那么难。

不卑不亢源自稳定性高自尊

很多人都想与优秀的人交往，可当真正遇到优秀的人时，却不知如何与他们交往，说话吞吞吐吐、嗫嗫嚅嚅，办事小心翼翼、唯唯诺诺，待人接物都透着自卑和不自信。

其实，与优秀的人交往最忌讳的就是自卑和不自信，如刻意巴结、曲意逢迎对方，甚至为了讨好对方不惜丢弃自己的尊严。

著名教育实践家和教育理论家苏霍姆林斯基曾经说过："人类有许多高尚的品格，但有一种高尚的品格是人性的顶峰，这就是个人的自尊心。"

我们每一个人身上都可能会有这样或那样的缺点，但是对于人际交往来说，没有自尊和自信是最致命的，因为这样的人会被所有人看轻。毕竟，你都不尊重自己，谁还会尊重你呢？你都不相信自己，别人又凭什么相信你呢？

古希腊哲学家苏格拉底曾经说过："一个人是否有成就，只要看他是否具有自尊心和自信心。"

自尊、自信对我们的人生非常重要。如果缺少这些特质，我们应该怎么办呢？为了回答这个问题，我们先了解一下什么是自尊和自信。

从心理学上来分析，自尊是个人基于自我评价而产生的一种自我尊重、自我爱护的情感反应。自尊可大致分为三类，分别是依赖性自尊、独立性自尊和无条件自尊。

- 依赖性自尊：完全依赖他人的肯定和表扬来获得自尊，自我评价体系建立在他人的看法之上；对他人的评价非常敏感，赞扬会使其信心大增，而批评则会让其陷入自我怀疑。

- 独立性自尊：对外界评价的依赖要低很多，自尊来
  源于自身内部，有自己独立的评判标准，外界的评
  价对他们来说几乎没有什么影响。他们更关注自己
  的成长和进步，比如把现在的自己与过去的自己进
  行比较，以此来衡量自身的价值和成就。

- 无条件自尊：既不会对外界的评价有那么强的依
  赖，也不需要与自己或他人进行比较，是一种非常
  稳定的自尊状态。所以，无条件自尊还有一个名称
  就是稳定性高自尊。

想跨越圈层的人最需要的就是这种稳定性高自尊。之
所以如此说，是因为他们在跨越圈层的过程中必然要面对
在身份背景、学识学历、社会地位等方面更出色的人。当
面对这些差距时，若没有稳定性高自尊，很容易产生自我
怀疑、自卑等负面情绪，进而陷入自我否定的泥沼。

拥有稳定性高自尊的人通常有极高的自我认可度，会
将他人的优秀视为自己成长的动力。他们深知自己的价值

和潜力，不会因为暂时在某些方面不如他人就全盘否定自己。他们相信通过持续学习与努力，就能够逐步缩小差距，慢慢追上甚至超越对方。

此外，稳定性高自尊还能帮助他们在面对外界的质疑和批评时保持清醒的头脑。对于自己正在做的事情，他们坚定地相信它的价值和意义，不会因为别人的评价而放弃，而是理性地进行分析，筛选出对自己有价值的部分，摒弃无端的指责，从而心无旁骛地专注于自身的发展。他们对自己的能力很自信，相信自己有能力解决困难和问题。即使现在还不能，也坚信未来某一天一定可以做到。他们眼里从来没有失败，只有"尚未成功"。这种特质使他们在跨越圈层的过程中始终保持着积极的心态和昂扬的斗志，大大增加了成功的可能性。

想象一下，如果那些暂时不如我们优秀的人是这样一种状态，你愿不愿意与他们成为朋友呢？

那么，究竟怎样才能让自己拥有稳定性高自尊呢？下面给出三点建议，权当抛砖引玉。

转换角度，专注于事

如果与那些优秀的人交往时，我们总是忍不住要做一番比较，那不妨转移一下注意力，把更多的精力放到正在谈论的话题或者正在做的事情上。这样不仅能让我们更专注地说好话、做好事，还可以有效避免因过度比较而产生自我否定的情绪。

如果这样做还是没什么效果，那就换一个角度进行比较。因为不管对方多么优秀，总有一些东西是你有而他没有的，也有些事情是你能做到而他却做不到的。

需要记住的是，上述方法仅仅是帮助我们在优秀者面前暂时稳住心态、保持自信。接下来，我们还要试着与自己和解，学会接纳和欣赏自己的不完美。这样，我们的自尊和自信才能足够稳定。

接纳自己的不完美

拥有稳定性高自尊且比较自信的人并非毫无缺点，成长之路也并非一帆风顺、事事顺遂。当然，他们也不是看不到自己的缺点和不足，或者对原生家庭的影响、成长环境中的种种不如意选择逃避或无视。相反，他们可能比其他人更了解这些不足或不完美。不过，面对所有的不完美，他们既不会试图掩盖，也不介意别人提起。有些人甚至在合适的时候还会主动以自嘲的方式提起，用幽默的方式展现自己的自信和强大的内心。其实，这种以退为进的方式往往能够在社交活动中收到意想不到的效果。

由此可见，人生中存在的种种不足和不完美的经历，它以什么样的方式影响我们，完全取决于我们自身的态度，也就是我们如何看待它。如果我们当它是伤口，就会一直感觉到疼痛；如果我们当它是生命的馈赠，就必定能收获意想不到的成长与感悟。

发现自己的优点

相比接纳自己的不完美，发现并接纳自己的优点会更容易一些。当我们将目光聚焦于自身的优点时，一种由内而外的自信便会油然而生，它可以让我们明白自己很棒，自己值得被他人喜欢，值得拥有更好的生活。

同时，发现这些优点有助于我们明确自身的优势领域，从而在职业选择、兴趣培养等方面做出更精准的决策。我们会更愿意投入时间和精力深耕这些领域，不断挖掘潜力，将优点发挥到极致。将发现和接纳优点当作基石，我们便能以更从容的姿态面对那些不完美，用优点带来的自信与力量弥补自身不足，最终实现自我的全面提升。

培养同理心，用"心"改善关系

"楼下一个男人病得要死，那间壁的一家唱着留声机；对面是弄孩子。楼上有两人狂笑；还有打牌声。河中的船上有女人哭着她死去的母亲。人类的悲欢并不相通，我只觉得他们吵闹。"

这段文字出自鲁迅先生的《而已集·小杂感》。其中那句"人类的悲欢并不相通"，时至今日仍能引起大众的共鸣。

在知乎上，曾经有人分享过这样一个故事。有个女士在"三八"妇女节那天心情特别低落，因为她的母亲前不久刚去世。这个时候，她的一位同事过来问她要不要一起买个礼物送给妈妈。虽然她强忍着悲痛委婉地拒绝，但是同事并不打算放弃。无奈之下，她只好告诉对方自己的母亲刚过世，同事听了之后只是淡淡地"哦"一声就径直走开了。没想到过了一会儿，同事却去而复返，并对她说："要不你还是买一束花吧，虽然你妈妈不在了，但是你可以买来送给自己。"

故事里的这位同事如此行事并不见得是有意的，很可能是因为缺少同理心。其实，这样的人在生活中并不少见。这些人为什么会缺少同理心呢？大概是因为没有经历过那些事情，所以就难以做到感同身受。同理心的缺失自然会影响人际关系，甚至会让自己的人际关系变得一团糟。为了避免出现这种糟糕的结果，培养同理心就成了极其重要的事情。

那么，我们到底要怎样培养同理心？或者说当我们试图理解他人的感受时该注意些什么呢？下面三个关键点不可忽视。

放下客观，放弃评判

莱斯利·贾米森说："同理心要求你知道自己一无所知。"其实，这是在说当我们试图理解和感受他人的情感与经历时，要摒弃已有的偏见、预设和固有认知，不要以为自己已经了解或能够轻易理解对方，因为每个人的内心世界和经历都是独特而复杂的，我们只有承认自己的无知，才能更好地共情他人。

同理心的本质就是用自己的情绪感受对方的情绪。按理说，这本来应该是双方情绪间的互动，但是偏偏有人喜欢用观点回应他人的情绪。这样做的结果就是让双方的沟通陷入困境，各说各话，难以达成真正的理解与共鸣。例如，一对年轻情侣吵架时，女孩渴望的可能是对方的安抚，但男孩却执着于分出对错。于是，女孩认为男孩不通人情，男孩则指责女孩无理取闹。此时，女孩常常会气愤地抛出一句："谁稀罕你的大道理呀？"可见，要想培养同理心，就必须改变好为人师的习惯。无论发生了什么事情，都不要指指点点，或者妄加评判，更不要试图说服他人。只有全身心感受、体会对方的情感世界，才能真正实现有效的情感交流。

打开内心，用心感受情绪

约翰·斯坦贝克说："只有你自己感受别人，你才能了解他们。"

要想培养同理心，我们就要在关闭"分析和评判系统"的同时打开"心理感应系统"。简单地说，就是要用心感受对方的情绪。那么，如何培养这种情绪感知能力呢？

有人曾经说过："同理心就是在自己身上找到另一个人的影子。"无论对方怀揣着何种情绪与感受，往往都需要借助一些载体来展现，如自身的经历等。如果我们一时之间无法识别对方的情绪，那就可以从自己的经历中搜寻相似的经历，然后将其分享给对方。

我们可以试着这么说："我不太确定该怎么形容这种感受，我当时的感受可能更像……"或者说："我不太确定该怎么形容这种感受，我朋友跟我说是……"

在这种情况下，你所感知的情绪是否正确已经不重要了。最重要的是有了这样的引导，对方会想办法准确描述自己的感受并将其传达给你。

尊重、认同、引导

科内尔·韦斯特曾经说："同理心不是简单地试图想象他人正在经历什么，而是要有鼓起足够勇气去为此做些事情的决心。"事实也的确如此，在捕捉并识别对方的情绪和感受之后，我们还需要做点什么才好。如果只是简单地敷衍几句，那么前面所有的努力就白费了。

但是，很多人又不知道该做些什么。

其实，我们不妨用"总是尊重，常常认同，偶尔引导”这句话作为参考。具体地说，我们要知道什么时候该尊重，什么时候该认同，什么时候该适当引导。

通常，当我们不能准确识别对方的情绪和感受时，一般都要表示尊重。无论观点对错，他的感受都应该被尊重。毕竟，每个人的经历与视角都具有独特性，未经充分了解便妄加评判，只会适得其反。

如果能够准确识别对方的感受，那就要表示认同。对能真切感知到的感受表达认同，会传递真诚的态度。这种真诚能拉近彼此的距离，让对方感受到被理解、被接纳，从而更愿意敞开心扉，促进双方的进一步交流。

如果对方表现出困惑，最好不要贸然指点。我们可以适当加以引导，把选择的权利交给对方。这样既能展现对他人能力的信任，又能在必要时给予恰当的帮助。

下面四句话可以很好地展现你的同理心。善用它们，将给你的人际交往带来巨大的变化。

"你说，我在听。"

"我说不太好，但有这样的感受也是人之常情。"

"我明白，我懂。"

"我能为你做点什么（怎样才能让你感觉好一点）？"

📝 **本章精要**

自我反思，不断迭代

学会感恩，主动助人

5个途径
实现自我成长

学会放下，原谅他人

正视缺点，自尊自信

换位思考，将心比心